劳动关系协调员（高级）
过关必备

王伟杰　姚东旭　侯世霞◎主编

经济管理出版社
ECONOMY & MANAGEMENT PUBLISHING HOUSE

图书在版编目（CIP）数据

劳动关系协调员（高级）过关必备/王伟杰，姚东旭，侯世霞主编 . —北京：经济
管理出版社，2018.1

ISBN 978 - 7 - 5096 - 5652 - 5

Ⅰ.①劳…　Ⅱ.①王…②姚…③侯…　Ⅲ.①劳动关系—中国—职业技能—鉴定—
自学参考资料　Ⅳ.①F249.26

中国版本图书馆 CIP 数据核字（2018）第 015840 号

组稿编辑：曹　靖
责任编辑：杨国强　张瑞军
责任印制：黄章平
责任校对：张晓燕

出版发行：经济管理出版社
　　　　　（北京市海淀区北蜂窝 8 号中雅大厦 A 座 11 层　100038）
网　　　址：www.E - mp.com.cn
电　　　话：（010）51915602
印　　　刷：三河市延风印装有限公司
经　　　销：新华书店
开　　　本：720mm×1000mm/16
印　　　张：17.75
字　　　数：272 千字
版　　　次：2018 年 3 月第 1 版　2018 年 3 月第 1 次印刷
书　　　号：ISBN 978 - 7 - 5096 - 5652 - 5
定　　　价：58.00 元

目　录

劳动关系协调员（三级）操作技能案例分析

人机对话复习试题

各章节知识要点梳理

模拟试卷

附　录

劳动关系协调员（三级）鉴定方案

一、鉴定方式

分为理论知识考试和操作技能考核。理论知识考试采用计算机机考方式，操作技能考核采用笔试方式，两门都为闭卷考试。理论知识考试和操作技能考核均实行百分制，成绩皆达 60 分及以上者为合格。理论知识或操作技能不及格者可按规定在两年内补考。

二、理论知识考试方案（考试时间 90 分钟）

题型	考试方式	题量	分值	配分
判断题	计算机考试	40	0.5 分/题	20
单选题	随机抽题	120	0.5 分/题	60
多选题	各卷不同	20	1 分/题	20
小计	—	180	90 分钟	100

三、操作技能考核方案（考试时间 120 分）

职业（工种）名称		劳动关系协调员等级		高级			
序	项目名称	编	单元内容	方式	选题	时间	配分
1	劳协基础	1	劳动关系基础		抽一	25	20
1	劳动标准	2	劳动标准管理		抽一	25	20
2	人力资源与	1	人力资源管理	笔试闭卷	必考	10	10
2	劳动合同管理	2	劳动合同管理	笔试闭卷	必考	25	20
3	民主管理和	1	集体协商与集体合同管理		抽一	20	15
3	集体协商	2	劳资沟通和民主管理		抽一	20	15

续表

职业（工种）名称		劳动关系协调员等级		高级			
序	项目名称	编	单元内容	方式	选题	时间	配分
4	劳动规章 制度建设	1	劳动规章制度的制定	笔试 闭卷	抽一	15	15
		2	劳动规章制度的实施				
5	员工申诉和 争议处理	1	劳动争议仲裁		抽一	25	20
		2	劳动争议诉讼				
案例试卷共五个序号六道试题，分为试题卷和答题卷，答题卷要对号入座。						120	100

权重系数：在出题过程中，系数9表示在15次抽题中命中率为9次；以此类推。案例考试是鉴定中的重点和难点。

请同学们务必投入主要精力，看懂题意，分析透彻，提出措施，解决问题。

劳动关系协调员（三级）操作技能案例分析

一、劳动关系基础模块（8题）

案例 1-1 连带责任和证据

背景资料：

黄某为李家饭店聘用的一位厨师，有一手好厨艺，其独立秘制的"小龙虾"在食客中颇有口碑。老板为了留住他，不仅许以高薪，还签订了无固定期限劳动合同。对面张家饭店生意却一直惨淡，也没有叫得响的菜品。为了扭转经营不利局面，张家老板张某找到黄某许诺给其双倍报酬，并且承诺黄某不必赔偿因提前解除合同而承担的费用。黄某经不起诱惑就答应了张某。先是暗中指导张家饭店，一月之后，黄某在未办理解除合同手续的情况下就到张家饭店上班，也推广着李家饭店的招牌菜。李家饭店因一时找不到合适的厨师，宾客锐减，营业额减少70%。

分析要求：

1. 黄某与张家饭店就李家饭店的损失应当承担什么责任？
2. 按劳动合同争议，李家饭店应如何提起仲裁？
3. 李家饭店应该准备哪些主要证据？

解题要点：

本题出题比较综合，主要考核对劳动合同法中连带赔偿责任的规定及劳动争议仲裁的管辖，程序及证据的提交。

法律链接：

《劳动合同法》

第三十九条　劳动者有下列情形之一的，用人单位可以解除劳动合同：

......

（四）劳动者同时与其他用人单位建立劳动关系，对完成本单位的工作任务造成严重影响，或者经用人单位提出，拒不改正的。

第九十一条　用人单位招用与其他用人单位尚未解除或者终止劳动合同的劳动者，给其他用人单位造成损失的，应当承担连带赔偿责任。

《劳动争议调解仲裁法》

第六条　发生劳动争议，当事人对自己提出的主张，有责任提供证据。

第二十一条　劳动争议仲裁委员会负责管辖本区域内发生的劳动争议。

劳动争议由劳动合同履行地或者用人单位所在地的劳动争议仲裁委员会管辖。

参考答案：

1. 根据《劳动合同法》第九十一条的规定，黄某与张家饭店就李家饭店的实际损失应当承担连带赔偿责任。

2. 按照《劳动争议调解仲裁法》的规定，李家饭店应向饭店所在地的劳动争议仲裁委员会提起仲裁。

3. 李家饭店应当准备的证据有：①与黄某存在劳动关系的证据如劳动合同。②黄某与张家饭店存在实际用工的证明。③因为黄某未办理离职到张家饭店工作，给李家饭店造成营业额下降70%的证据。

案例1-2　劳动关系的认定及保护

背景材料：

2013年1月初，在家待业的钱某通过朋友介绍成为某公司的一名司机。双方没有签订书面劳动合同，但口头约定月薪为5000元。2013年7月起公司开始拖欠钱某工资，钱某找到公司经理问其原因，经理称公司暂时有困难，以后一旦有钱一定补上。这样到了2013年底公司已经拖欠钱某6个月工资，钱某又找到公司经理要求其立即补齐工资，公司经理称公司没有与钱某订立书面劳动合同，因此双方之间不存在劳动关系，钱某为公司提供劳务应按劳取酬，从2013年7月起，钱某的工作量减少了一半，其劳务报酬也应减半。钱某不同意，于2014年初申请劳动仲裁，要求公司补发拖欠他的半年工资并赔偿被拖欠工资 1 倍的损失。

分析要求：

1. 钱某与某公司是否存在劳动关系？理由是什么？

2. 劳动争议仲裁委员会应如何处理这种关系？

3. 钱某的胜诉请求事实都能得到全部的支持，为什么？

解题要点：

本题主要考核对劳动关系认定的标准及拖欠劳动报酬的法律责任。

法律链接：

劳动部《关于确立劳动关系有关事项的通知》

一、用人单位招用劳动者未订立书面劳动合同，但同时具备下列情形的，劳动关系成立。

（一）用人单位和劳动者符合法律、法规规定的主体资格；

（二）用人单位依法制定的各项劳动规章制度适用于劳动者，劳动者受用人单位的劳动管理，从事用人单位安排的有报酬的劳动；

（三）劳动者提供的劳动是用人单位业务的组成部分。

《劳动合同法》

第八十五条　用人单位有下列情形之一的，由劳动行政部门责令限期支付劳动报酬、加班费或者经济补偿；劳动报酬低于当地最低工资标准的，应当支付其差额部分；逾期不支付的，责令用人单位按应付金额百分之五十以上百分之一百以下的标准向劳动者加付赔偿金：

（一）未按照劳动合同的约定或者国家规定及时足额支付劳动者劳动报酬的。

……

参考答案：

1. 劳动部《关于确立劳动关系有关事项的通知》的规定，钱某和公司符合劳动关系的主体资格，公司的规章制度适用钱某，钱某受单位管理从事有报酬劳动，钱某的工作属于公司业务组成，所以钱某与公司存在事实劳动关系。

2. 劳动仲裁应当判定双方存在劳动关系。

3. 钱某的请求不能得到全部的支持，根据劳动合同法的相关规定，公司未按照约定支付劳动报酬，首先应当由劳动行政部门责令公司支付，逾期不支付才加付赔偿金。本案中，钱某并没有经过这一程序，所以并不能得到拖欠工资的 1 倍赔偿。

案例 1-3 加班加点的规范

背景资料：

石家庄某企业为扩大生产，经董事会决定实行"自愿加班"计划。企业在原来每天 8 小时的生产时间基础上再增加 2 小时，不愿加班的当月奖金减半。加班费用按每小时 10 元计算。这一计划实行后，很多厂里职工都踊跃报名。但是，区劳动监察大队却开出了整改通知要求企业停止这种做法。对此，企业认为，加班是职工自愿参加的，能够帮助职工增加收入，而且每天多工作 2 小时并不会伤害职工健康。职工也认为，下了班业余时间也会找兼职做，增加收入，多拿奖金，现在就在厂里加班，一举两得。

分析要求：

1. 该企业的"自愿加班计划"内容违反了哪些规定？企业劳动报酬的支付是否合法？企业制订"自愿加班计划"是否违反法律规定？说明理由。

2. 如果企业临时需要增加生产，可以怎样规范？

解题要点：

本题主要考核加班的认定及加班费基数的确定。

法律链接：

《劳动法》

第四十一条 用人单位由于生产经营需要，经与工会和劳动者协商后可以延长工作时间，一般每日不得超过一小时；因特殊原因需要延长工作时间的，在保障劳动者身体健康的条件下延长工作时间每日不得超过三小时，但是每月不得超过三十六小时。

劳动部《工资支付暂行规定》

第十三条　用人单位在劳动者完成劳动定额或规定的工作任务后，根据实际需要安排劳动者在法定标准工作时间以外工作的，应按以下标准支付工资：

（一）用人单位依法安排劳动者在日法定标准工作时间以外延长工作时间的，按照不低于劳动合同规定的劳动者本人小时工资标准的150%支付劳动者工资；

（二）用人单位依法安排劳动者在休息日工作，而又不能安排补休的，按照不低于劳动合同规定的劳动者本人日或小时工资标准的200%支付劳动者工资；

（三）用人单位依法安排劳动者在法定休假节日工作的，按照不低于劳动合同规定的劳动者本人日或小时工资标准的300%支付劳动者工资。

参考答案：

1.（1）根据劳动法的规定，该加班计划存在超时加班的情形。

（2）不愿加班奖金减半，违反协商的原则。

（3）加班工资统一按照每小时10元计算，违反劳动部工资支付办法的规定。

（4）企业制订"加班自愿计划"未与工会和劳动者协商，不合法。

2. 根据劳动法规定，用人单位由于生产经营需要，经与工会和劳动者协商后可以延长工作时间，一般每日不得超过一小时；因特殊原因需要延长工作时间的，在保障劳动者身体健康的条件下延长工作时间每日不得超过三小时，但是每月不得超过三十六小时。同时，用人单位依法安排劳动者在日法定标准工作时间以外延长工作时间的，按照不低于劳动合同规定的劳动者本人小时工资标准的150%支付劳动者工资。

案例1-4　工时制度

背景资料：

许先生原为某公司销售经理，合同约定每月工资1万元，另外公司还将按销售合同金额的一定比例支付销售佣金。许先生还享受每年10天的带薪休假。但公司未对许先生的工作岗位办理过不定时工时制度的审批手续。2011

年3月许先生辞职。经结算，许先生工资70000元，销售提成204000元。但许先生离开时，公司仅支付了工资，未支付其他项目费用。许先生遂诉至仲裁委。

许先生在仲裁庭上要求公司支付销售提成和经济补偿金，并要求公司支付用于工作的10天带薪假期和每周40小时以外的104天加班日的加班工资，带薪假期和加班工资共计140608元。

公司认为，许先生作为高级管理人员享有销售提成和出差补贴，不按小时考核工作，应当作为不定时工作制度来确定，故不应算加班工资；销售提成，公司承认没有支付过，并愿意支付。

分析要求：

1. 许先生的仲裁申请是否有法律依据？

2. 公司关于不支付加班工资的主张是否成立？为什么？

解题要点：

本题主要考核对企业实施特殊工时制的程序规定、带薪年休假及工资支付的规定。

法律链接：

《中华人民共和国劳动法》

第三十九条　企业因生产特点不能实行本法第三十六条、第三十八条规定的，经劳动行政部门批准，可以实行其他工作和休息办法。［第三十六条规定：国家实行劳动者每日工作时间不超过8小时，平均每周不超过44小时的工时制度。（1995年国务院174号令修改为：平均每周不超过40小时。）第三十八条规定：用人单位应当保证劳动者每周至少休息一日。］

人社部《企业带薪年休假实施办法》

第十二条　用人单位与职工解除或者终止劳动合同时，当年度未安排职工休满应休年休假的，应当按照职工当年已工作时间折算应休未休年休假天数并支付未休年休假工资报酬，但折算后不足1整天的部分不支付未休年休假工资报酬。

劳动部《工资支付暂行规定》

第七条　工资必须在用人单位与劳动者约定的日期支付。如遇节假日或休息日，则应提前在最近的工作日支付。工资至少每月支付一次，实行周、日、小时工资制的可按周、日、小时支付工资。

参考答案：

1. 许先生的申请有法律依据，根据工资支付暂行规定，企业应当在和劳动者约定日期支付工资并且工资至少每月支付一次。

根据企业带薪年休假实施办法，当年度应休未休年假应当折算天数并支付工资报酬。

2. 公司的主张不成立，因为根据劳动法的相关规定，实行不定时工时制度需要经过劳动行政部门的批准。没有批准的不能认定特殊工时制度。

案例 1-5　工资制度的管理

背景资料：

成师傅 2013 年 1 月 1 日进入 A 公司工作，从事企业的安保工作，每月工资 2100 元。成师傅因病在 2013 年 3 月休病假 10 天，4 月休病假 8 天。公司支付工资时按其病假时间发放工资。成师傅认为，公司发给其的工资低于政府公布的当年度最低工资标准，要求企业按照最低工资标准支付工资。公司认为，成师傅在 3 月、4 月分别休病假 10 天、8 天，按其病假工资计算，成师傅的工资收入实际低于最低工资，但是公司的做法并没有违反政府的最低工资标准。双方意见不一，遂发生争议。

分析要求：

1. 按照成师傅的情况，是否应当执行最低工资规定？为什么？

2. 如果本争议由你协调，你会怎样判断？请从合法合情的角度考虑。

解题要点：

本题主要考核病假工资的计算标准。

法律链接：

原劳动部关于贯彻执行《中华人民共和国劳动法》若干问题的意见。

59. 职工患病或非因工负伤治疗期间，在规定的医疗期间内由企业按有关规定支付其病假工资或疾病救济费，病假工资或疾病救济费可以低于当地最低工资标准支付，但不能低于最低工资标准的80%。

原劳动部《中华人民共和国劳动保险条例实施细则修正草案》1953年第十六条 工人职员疾病或非因工负伤停止工作连续医疗期间在六个月以内者，根据《劳动保险条例》第十三条第一款的规定，应由该企业行政方面或资方按下列标准支付病伤假期工资：本企业工龄不满二年者，为本人工资百分之六十；已满二年不满四年者，为本人工资百分之七十；已满四年不满六年者，为本人工资百分之八十；已满六年不满八年者，为本人工资百分之九十；已满八年及八年以上者，为本人工资百分之一百。

参考答案：

1. 按照成师傅的情况，不应当执行最低工资标准规定。

因为成师傅在本企业工作不满2年，其病假工资按照原劳动部规定应当打六折。

成师傅工资比较低，扣除个人承担的社保费用及病假工资扣款外，实得工资可能低于最低工资标准，按照原劳动部规定，病假工资可以低于最低工资标准，但不能低于最低工资的80%。

2.（1）首先要向成师傅阐明法律的规定，并按照法律规定计算出成师傅的病假工资是否低于最低工资标准。

（2）如果成师傅的病假工资低于最低工资80%的，应当补足到80%。

（3）鉴于成师傅因病工资收入低于最低工资标准，如果生活困难，可以通过企业工会进行困难职工援助，帮助成师傅缓解经济困难。

案例1-6 加班工资支付的规定

背景资料：

A公司对某些工作岗位向劳动保障部门办理了不定时工时制度，王某的工作岗位属于A公司实行不定时工时制度的岗位，A公司和王某终止劳动合同后，王某向仲裁委员会申请仲裁，认为A公司未向其支付加班工资，但其平时工作日、双休日、法定节假日都存在加班，要求公司支付其工作日、双休日和法定节假日的加班工资。但公司认为，王某的工作岗位已经申请了不定时工时制度，不应当支付加班工资。

分析要求：

1. 王某的哪些要求符合规定？

2. 在标准工作制度下，加班工资的计发标准是什么？

3. 在不定时工时制度下，加班工资的计发标准是什么？

解题要点：

本题主要考核不同工时制度下的加班费计发标准。

法律链接：

《上海市企业工资支付办法》2016 年修订版。

……

十三、企业根据实际需要安排劳动者在法定标准工作时间以外工作的，应以本办法第九条确定的计算基数，按以下标准支付加班工资：

（一）安排劳动者在日法定标准工作时间以外延长工作时间的，按照不低于劳动者本人小时工资的 150% 支付；

（二）安排劳动者在休息日工作，而又不能安排补休的，按照不低于劳动者本人日或小时工资的 200% 支付；

（三）安排劳动者在法定休假节日工作的，按照不低于劳动者本人日或小时工资的 300% 支付。

……

经人力资源社会保障行政部门批准实行不定时工时制的劳动者，在法定休假节日由企业安排工作的，按本条第（三）项的规定支付加班工资。

参考答案：

1. 王某所在的岗位实行的是不定时工时制度，按照上海地方规定，不定时工时制平时不产生加班费，只有法定节假日工作才支付加班费。因此，王某要求法定节假日的加班费是合理的。其他则没有依据。

2. 按照劳动法及本市规定，安排劳动者在日法定标准工作时间以外延长工作时的按照不低于劳动者本人小时工资的 150% 支付；安排劳动者在休息日工作，而又不能安排补休的，按照不低于劳动者本人日或小时工资的

200%支付。

安排劳动者在法定休假节日工作的，按照不低于劳动者本人日或小时工资的300%支付。

3. 经人力资源社会保障行政部门批准实行不定时工时制的劳动者，在法定休假节日由企业安排工作的，法定节假日支付劳动者300%的日或小时工资。

案例1-7 加班工资的计算、日工资、小时工资的计算

背景资料：

某集团公司有三名员工，分别是文员小张，实行标准工时制度；操作工小李，实行以月为周期的综合计算工时制度（经过劳动局审批，在有效期内）；销售小王，实行不定时工时制度（经过劳动局审批，在有效期内）；10月三人的加班情况分别如下：

姓名	工时制	平时加班小时	双休日加班小时	法定假加班小时
小张	标准	6	8	8
小李	以月综合	11	11	11
小王	不定时	3	6	9

三人劳动合同约定的工资报酬都为4000元/月。

分析要求：

请分别计算三人当月的加班费是多少？

解题要点：

本题主要考核不同工时制度下的加班费计算方法，法定计薪日的标准。

法律链接：

《关于职工全年月平均工作时间和工资折算问题的通知》（二）：

小时工资＝月工资收入÷（月计薪天数×8小时）

月计薪天数＝（365天－104天）÷12月＝21.75天

《上海市企业工资支付办法》2016年修订版第九条、第十三条（内容略）。

参考答案：

因为三人的工资相同，所以首先算出小时工资，小时工资＝劳动合同约定的月工资4000/法定计薪21.75/8＝23元。

小张的加班费＝平时加班6小时×23×150%＋双休加班8小时×23×200%＋法定假加班8小时×23×300%＝207＋368＋552＝1127元。

小李的加班费＝（平时11小时＋双休11小时）×23×150%＋法定假11小时×23×300%＝759＋759＝1518元。

小王的加班费＝法定假9小时×23×300%＝621元。

注：

小张是标准工时制度，所以其平时加班、双休日加班及法定假加班计算的标准分别是150%、200%、300%，要分别计算。

小李因为是综合计算工时制，不存在双休日的概念，其平时和双休的加班时间只要超过相同周期内标准工作时间的部分都按照150%计算，法定假加班按照300%计算。

小王是不定时，所以平时没有加班费，只有法定假加班按照小时工资的3倍计算。

案例1-8 加班的审批制度

背景资料：

2013年2月，王某进入本市某电子科技有限公司工作，该公司位于市中心，由于公司很多员工住在郊区，下班时间正值高峰时间，部门经理为了照顾路远的员工，规定公司可以为家远的员工提供客饭一份，以便错峰回家。下班时间到了，但是工作还没有结束，大家都开始享用公司的免费客饭，有时经理过来也会惊讶地说："这么多人加班啊！"王某和其他晚回家的同事一起享用公司的福利，大家都认为是由于自己加班了，才有免费客饭吃。2013年10月，王某向公司提出辞职，并向部门经理要求支付2013年2月到10月期间的加班工资。部门经理认为，公司从来没有安排过王某主动加班，公司有完善的加班审批制度，每一次的加班审批表都是一式三份，分别在部门领导、人力资源部门以及劳动者处。并且明确未经批准延长工作时间不算加班。

王某的加班，未得到部门领导的审批，属于主动延长工作时间，公司不应当支付加班费。王某表示，经理经常见到我们下了班在公司，都说我们是在加班，这是对我们加班行为的默认。交涉无果后，王某申请劳动仲裁，要求公司支付2013年2月至10月的加班费。

分析要求：

1. 法律关于加班时间有什么限制性规定？

2. 公司是否应当支付王某的加班费？为什么？

解题要点：

本题主要考核加班的法律规定、加班的定义和加班审批制度的有效性。

法律链接：

《中华人民共和国劳动法》

第四十一条 用人单位由于生产经营需要，经与工会和劳动者协商后可以延长工作时间，一般每日不得超过一小时；因特殊原因需要延长工作时间的，在保障劳动者身体健康的条件下延长工作时间每日不得超过三小时，但是每月不得超过三十六小时。

第四十二条 有下列情形之一的，延长工作时间不受本法第四十一条的限制：（一）发生自然灾害、事故或者因其他原因，威胁劳动者生命健康和财产安全，需要紧急处理的；（二）生产设备、交通运输线路、公共设施发生故障，影响生产和公众利益，必须及时抢修的；（三）法律、行政法规规定的其他情形。

第三十八条 用人单位应当保证劳动者每周至少休息一日。

参考答案：

1. 参照劳动法规定。

2. 公司不应当支付王某的加班费。原因一，加班是在法定工作时间之外仍然从事本职工作，王某留下来是为了享受公司免费的晚餐，不符合加班的定义。原因二，公司有完善的加班审批制度。员工未经过公司审批而延长工作时间，很难被认定加班。

二、人力资源管理模块（8题）

案例 2-1　人力资源的培训

背景资料：

T公司是一家大型家庭耐用品制造商。随着业务发展，公司的高层越来越觉得人才培养的重要，从去年开始，公司每年都要拿出营业额的 1.5% 用于员工的培训。T公司还制订了"T精英"培养计划，为公司未来的发展培育和储备人才。公司最近从一线提拔了 20 名中层的管理人员，这些人员来自不同生产、物流、设计、营销等部门，他们都有非常丰富的一线工作经验，人员的学历背景和年龄层次也有差距。为了让这些管理人员的管理能力得到快速的提升适应岗位的需求，公司组织要求人力资源部为这 20 名中层管理人员策划为期一个月的培训。

分析要求：

1. 如何按照合理的步骤组织这次培训？

2. 对于这些管理人员，适合的培训方法有哪些？

解题要点：

本题考核培训的流程以及不同人员的培训适用方法。

参考答案：

1. 培训设计流程一般分为四个步骤：

（1）培训需求分析，了解员工的需求，了解企业对岗位的知识技能需求，将两者有机结合。

（2）培训计划制订，根据"5W2H"原则。

（3）培训计划的实施，过程中需要监控，及时调整。

（4）培训的反馈评估，四个层面的评估，知识、技能、态度、业绩。

2. 管理人员的培训方法有：专题讲座、案例分析、小组讨论、管理游戏、角色扮演、拓展训练、KJ 法、思维导图等。

案例 2-2　人力资源管理培训

背景资料：

W 先生是某国营机械公司的新上任的人力资源部部长，在一次研讨会上，他了解到其他企业的培训搞得有声有色，回来后他向公司提交了一份全员培训计划书，以提升公司的面貌。公司老总很开明，不久就批准了他的全员培训计划。W 先生对公司全体人员上至总经理下至一线生产工人，进行了为期一周的脱产计算机培训，为此公司还专门下拨了十几万元的培训费。培训效果怎样呢？据说，除了办公室的几名人员和 45 岁以上的几名中层干部有所收获，其他人要么收效甚微，要么学而无用，十几万元的培训费买来的是一时的轰动效应，员工对此议论纷纷，而 W 先生对于此番议论感到非常委屈，在一个有着传统意识的老国企，给员工灌输一些新知识怎么就效果不理想呢？W 先生百思不得其解，"不应该啊，在当今竞争激烈的环境下，每个人学点计算机知识应该是很有用的啊"。

分析要求：

1. 上述案例中培训不理想的原因是什么？

2. 简述培训需求调查的几种常用方法。

解题要点：

本题考核培训对象的选择及培训方法的种类。

参考答案：

1. 存在问题的原因：没有进行培训需求分析；对不同的培训对象没有分层次培训。

2. 培训需求调查的常用方法有：访谈法、问卷调查法、观察法、关键事件法、绩效分析法、头脑风暴法和书面资料研究法。

案例 2-3　人力资源的招聘

背景资料：

飞鹰广告公司是一家以户外广告为主要业务的广告公司，公司经过三年的艰苦创业，终于有了稳定客户和收益，在业内也有了一定的知名度。为了业务有更好的发展，今年开始，公司不惜重金聘请猎头公司为企业招聘高级人才，这些人才均有行业内知名公司的工作背景或是有海外背景，所聘的人员不仅薪资高，而且都是经理以上的职位。半年来，公司 60% 以上的经理人都是外聘的"空降兵"。但让公司总经理没有料到的是，这些外聘的经理人大多待不到半年就走了，而且还有几个骨干老员工也辞职了。如在市场部，新聘的市场经理李强就是美国博士刚毕业的"海归"，对于这样"空降"过来的学院派、海归派，原来市场部的老员工非常不满意，尤其是张海，他和老板一起创业，业绩一直优秀，原来以为这个职位肯定是自己的，可李强的到来，只能让张海做一名副经理。李强从开始上任起就发现下属不能够好好配合，而且自己在国外学习到的很多新方法由于没有资金和人力的支持也不能得到顺利的实施。干了半年，李强心灰意冷，跳槽到另外一家公司，而张海对自己在公司的发展失去了信心，于是跳槽到另一家公司做销售经理。

分析要求：

1. 飞鹰广告公司的招聘存在什么问题？
2. 应该如何改进目前的招聘状况？

解题要点：

本题主要考核招聘的渠道选择的原则。

参考答案：

1. 存在问题：①没有完整的招聘计划；②招聘渠道单一，只有外部招聘；③过分倚重猎头公司招聘成本高；④违背招聘中先内部后外部的原则，对老员工士气打击大；⑤违背人和组织、人与团队匹配原则。

2. 解决方法：根据公司发展需求制订全面的招聘计划。多渠道招用人员，内外结合。注重内部员工的晋升和培养，做好人才梯队建设和人才储备。

案例2-4 招聘的方法

背景资料：

某公司为了招聘技术人员，人力资源部会同用人部门共同设计了面试题目，统一了评分标准及评价体系，对面试官也进行了培训，统一了评分的尺度和方法。

分析要求：

1. 请问这是什么招聘方法？

2. 这种招聘方法有什么优缺点？

解题要点：

本题考核招聘中的常用方法及其优缺点。

参考答案：

1. 这种招聘方法称为结构化面试。特点：程序结构化、面试官结构化、标准结构化。

2. 优点：所有应聘者感到公平；展现组织招聘的公开、公正、公平；结果相对客观、公正；便于掌握，操作简便。缺点：不能充分发挥考官水平；缺少考官与应聘者的自由沟通；对不同应聘者没有针对性。

案例2-5 薪酬管理

背景资料：

飞达事业有限公司是一家民营的汽车配件公司，成立于1995年，经过十多年的发展，已成长为一家拥有500多名员工的中型企业，由于近年来发展过于迅速，人员也飞速增长，目前突出的问题是岗位职责不清，而且经常发生推诿扯皮的现象，该公司的薪资体系是2002年制定的，这几年都没有调整过，一直是十三薪（即年薪为十二个月的固定工资加上一个月工资的年终奖金）的方式。由于没有清晰的岗位职责，各个岗位上的用人标准比较模糊，从而导致公司的薪酬激励体系也无法与岗位的价值相对等，员工在这方面意见很大，士气也有所下降。最近一年，员工流失率比前一个年度增加了

15%，而且，很多离职的员工都跳槽到了当地的一家中外合资的汽车配件公司，据说那里的待遇要好一些。虽然公司的业绩每年在节节攀升，但是目前的状况不得不令公司的总经理王海感到担忧，他要求人力资源部尽快提出薪酬改进方案以解决目前的问题。

分析要求：

1. 目前，飞达公司的薪酬管理体系存在哪些问题？

2. 如果进行薪酬再设计，应该按怎样的步骤来做？

解题要点：

本题考核薪酬体系的原则和设计流程。

参考答案：

1. 存在问题：①薪酬的标准太陈旧；②违背薪酬设计的基本原则公平性、竞争性、激励性以及及时调整性；③缺少岗位价值分析。

2. 薪酬设计的流程：①根据企业的发展阶段和所处行业位置，制定合理的薪酬策略；②进行工作分析和岗位评价，确定岗位的价值；③进行薪酬调查，确保薪酬具有竞争力；④设计合理的薪酬结构，将薪酬与绩效挂钩；⑤实施薪酬制度，并加以反馈评估。

案例 2-6　绩效管理

背景资料：

飞马公司是一家经营服装的贸易公司，在创业初期，降低成本，提高销售额是公司的目标。那时由于业务繁忙，而且人员少，公司没有制定一条正式、完整的绩效考评制度，只是由公司副总经理兼任人力资源总监王总，采取一些模糊的考评，年底根据公司的经营状况和对员工的了解，发放资金。平时，他会不定期地对工作业务好的员工提出表扬，并予以物质奖励；也对态度不积极的员工提出批评；一旦员工的销售业绩连续下滑，他会找员工谈心，找缺陷、补不足，鼓励员工积极进取。这几年公司发展非常迅速，已经由最初的十几个人发展到现在的上百人。随着规模不断扩大，管理人员和销售人员的增加，问题也出现了，员工的流失率一直居高不下，员工的士气也不高。王某不得不考虑，是否应该建立绩效考评的正式制度，以及如何对管理人员考评等问题。

分析要求：

1. 该公司绩效管理存在什么弊端？

2. 如何改进现有的绩效管理状况？

解题要点：

本题考核重点在于绩效考核中要遵循的原则。

参考答案：

1. 问题：①没有一个正式、完整的考评制度；②考评方法不科学，全凭主官印象；③绩效考核没有必要的考核指标，不符合 Smart 原则；④绩效考核没有和人力资源其他模块相结合。

2. 改进对策：明确绩效目标，建立绩效计划：①进行工作分析，提取合理的考核指标；②选用科学的考评方法；③和员工沟通确认目标，在考核中保持沟通发现问题及时调整；④做好绩效反馈和评估；⑤将绩效考核的结果应用与薪酬、培训、淘汰相结合。

案例 2-7　人力资源规划

背景资料：

某服装公司是一家集研发设计、生产和销售为一体的服装制品公司，成立于 2008 年，经过几年的努力，公司获得快速发展。从 2012 年开始，公司业务逐步繁忙起来，经常出现人手不够的情况，特别是管理人才严重不足，时常是新的项目来了，才开始招聘人员，企业招聘也没有规范的流程，"拿到碗里就是菜"，员工录取以后，马上到生产一线就工作，在试用期，员工的离职率特别高，近几年这种局面和现状一直没有改变，对公司的业务发展造成了一定的不利影响。

分析要求：

1. 该公司在人力资源管理方面存在什么问题？

2. 如果出现供小于求，你建议该公司采取哪些措施来恢复平衡？

解题要点：

本题主要考核人力资源规划中常见问题和供小于求的应对措施。

参考答案：

1. 该公司在人力资源管理方面存在的问题如下：

缺乏人力资源规划；招聘准备工作不足，招聘流程不规范。缺乏有效的新员工入职培训和岗位能力培训；企业文化不佳；薪酬管理不科学。

2. 如果出现供小于求，建议该公司采取如下措施恢复平衡：①将合格富余人员调整至空缺职位；②外部招聘高端技术人员；③制订培训和晋升计划；④短缺不严重，可适当延长工作时间，但这只是一种短期应急措施；⑤提高企业资本技术有机构成，提高员工劳动生产率；⑥聘用临时工。

案例2-8　人力资源规划综合题

背景资料：

某日化公司近几年来业务发展一直很好，销售额逐年上升。每到销售旺季，公司就会到人才市场大批招聘销售人员。一旦到了销售淡季，公司又会大量裁减人员。就件这事，某日化公司的销售经理小张给王总经理提过几次意见。而王总却说，"人才市场中有的是人，只要我们工资待遇高，还怕找不到人吗？一年四季把他们养起来，这样做费用太大了。"不可避免的是，该公司销售人员流动性很大，包括一些销售骨干也纷纷跳槽。王总对销售骨干还极力挽留，但没有效果。无奈之下，该公司仍然照着惯例，派人到人才市场中招聘以填补空缺。

在去年销售旺季时，跟随王总多年的小张经理和公司大部分销售人员集体跳槽，致使该公司的销售工作一时几乎瘫痪。这是，王总才感到问题的严重。因为人才市场上虽然能找到一般的销售人员，但是不一定总是能找到优秀的销售人才和管理人才，在这种情况下，他亲自跑到小张家中做动员工作，开出极具诱惑力的年薪，希望小张和一些销售骨干能重回公司，然而，不菲的年薪依然没有能够召回这批曾经与他多年浴血奋战的老部下。

直到此时，王总才感到后悔，为什么以前没有下功夫去留住这些人才呢？

同时他也陷入了困惑，如此高的年薪，他们为什么也会拒绝，到底靠什么留住人才呢？

分析要求：

1. 试分析日化公司存在的问题。

2. 若你想帮助公司王总经理，有哪些良策提供？

解题要点：

此题为人力资源规划的综合题，解决问题要从人力资源的各个模块着手，分别阐述。

参考答案：

1. 日化公司存在的问题：①没有完整的人力资源规划和当年度的招聘计划；②主要决策是总经理一人说了算，缺少科学的决策；③招聘渠道单一，只有外部人才市场的招聘；④没有核心人才保留计划，企业文化不佳；⑤没有员工的职业规划，对员工缺乏培训，造成忠诚度低；⑥激励机制单一，过分依靠高薪。

2. 解决办法：①根据企业的发展战略制定合理的人力资源规划；②根据企业需要和人力资源规划制订当年度的招聘计划；③对员工进行长期职业生涯规划，注重员工梯队建设；④利用销售淡季做好员工培训，提高技能和士气；⑤塑造良好的企业文化，改变功利的用人机制，通过薪酬、福利、文化等因素提高员工忠诚度；⑥拓展招聘渠道，内外结合，提供优秀人才。

三、劳动合同管理模块（10题）

案例 3-1 企业搬迁过程中劳动关系的处理问题

背景资料：

某企业因环境整治需要从市中心区域搬迁至远郊。部分骨干员工认为路途遥远，且公司未提供上下班班车便利，不愿意去新址上班，向企业提出：这种搬迁已经导致原合同无法履行，要求解除劳动合同，并要求企业支付经济补偿金，企业未予同意，并通知这些员工按期到新址上班，否则做旷工处理。事后，这部分员工未按通知要求到新址上班，公司以旷工为由解除了劳动合同。同时，企业对部分不需要的富余职工，未经协商，直接以签订劳动合同时的客观情况发生重大变化而解除劳动合同。由此，两类员工均与公司发生争议。

分析要求：

1. 企业对骨干员工作解除劳动合同的处理是否合法？为什么？
2. 企业对普通员工作解除劳动合同的处理是否合法？为什么？

解题要点：

本题考核劳动合同解除中的劳动者无过错解除的规定。

法律链接：

《劳动合同法》

第四十条　有下列情形之一的，用人单位提前三十日以书面形式通知劳动者本人或者额外支付劳动者一个月工资后，可以解除劳动合同：

……

（三）劳动合同订立时所依据的客观情况发生重大变化，致使劳动合同无法履行，经用人单位与劳动者协商，未能就变更劳动合同内容达成协议的。

第四十六条　有下列情形之一的，用人单位应当向劳动者支付经济补偿：

……

（三）用人单位依照本法第四十条规定解除劳动合同的。

原劳动部《关于〈中华人民共和国劳动法〉若干条文的说明》

第二十六条　本条中的"客观情况"指：发生不可抗力或出现致使劳动合同全部或部分条款无法履行的其他情况，如企业迁移、被兼并、企业资产转移等，并且排除本法第二十七条所列的客观情况。

参考答案：

1. 企业对骨干员工的解除不合法，根据相关法律法规的规定，企业搬迁距离较远构成客观情况发生重大变化致使劳动合同无法履行的情形，企业应当与员工协商变更劳动合同，不能达成一致，可以解除劳动合同，但要支付经济补偿金及代通知金（未提前三十天的）。不能以旷工为由解除。

2. 企业对普通员工解除不合法，根据劳动合同法规定，客观情况发生重大变化，应当首先与员工协商变更劳动合同，不能协商一致方可解除，案例中企业对普通员工缺少协商的步骤。

案例 3-2　企业要求员工赔偿损失的问题

背景资料：

蔡某是甲公司的项目经理，与单位签订了为期3年的劳动合同，负责一家公司对外承接的某软件的开发工作。工作了1年多，蔡某因为对公司的薪资分配不满，接受了另一家乙软件公司的工作邀请。由于乙公司的软件开发急需蔡某加入，蔡某遂向甲公司提交书面辞职报告，并于次日就到了乙公司工作。甲公司认为，蔡某辞职需要提前1个月通知公司，否则应当承担由此对公司造成损失的赔偿责任。由于蔡某突然辞职，甲公司紧急通过猎头公司高薪聘请了李某担任项目经理以继续项目开发进程，支付了猎头公司服务费用6万元。此外，由于项目的开发进程依然受到影响，软件开发进度被迫推迟20天，被项目委托方根据合同约定索赔违约金5万元。

甲公司认为根据原劳动部的相关规定，蔡某应当赔偿公司猎头费用6万元和违约金5万元。蔡某认为自己没有过错，单位不能要求他赔偿损失，于是申请劳动争议仲裁。

分析要求：

1. 甲公司能否要求蔡某赔偿经济损失？为什么？

2. 甲公司要求蔡某赔偿的损失是否能够得到全部支持？为什么？

解题要点：

本题主要考核劳动者违法解除劳动合同应当承担的责任。

法律链接：

《劳动合同法》

第三十七条　劳动者提前三十日以书面形式通知用人单位，可以解除劳动合同。劳动者在试用期内提前三日通知用人单位，可以解除劳动合同。

原劳动部《违反〈劳动法〉有关劳动合同规定的赔偿办法》

第四条　劳动者违反规定或劳动合同的约定解除劳动合同，对用人单位造成损失的，劳动者应赔偿用人单位下列损失：

（一）用人单位招收录用其所支付的费用；

（二）用人单位为其支付的培训费用，双方另有约定的按约定办理；

（三）对生产、经营和工作造成的直接经济损失；

（四）劳动合同约定的其他赔偿费用。

参考答案：

1. 公司可以要求蔡某赔偿经济损失。根据劳动合同法及原劳动部的相关规定，劳动者离职需要提前三十天书面向单位提出，蔡某没有按法律规定离职，应当承担赔偿责任。

2. 公司要求不能等到全部支持。按照原劳动部的规定，劳动者不按法律规定离职，应当赔偿的费用有：①用人单位招收录用其所支付的费用；②用人单位为其支付的培训费用，双方另有约定的按约定办理；③对生产、经营和工作造成的直接经济损失；④劳动合同约定的其他赔偿费用。公司用猎头招用其他人的费用不在其中，要求蔡某赔偿于法无据。而因为蔡某离职造成项目延误被客户索赔的 5 万元违约金，属于劳动者违法解除合同的直接经济损失，可以要求赔偿。

案例 3-3 企业调整员工工作岗位的问题

背景资料：

2007 年 12 月，赵某被一家公司聘为市场总监，双方订立三年期的劳动合同，终止日是 2010 年 12 月 31 日，约定月工资为 1.2 万元。2008 年 6 月，公司进行半年期的考核，赵某由于业绩不佳，被评为不合格。随后，公司以其不胜任工作为由通知赵某调整至市场经理助理岗位，即日起公司按薪酬制度确定的市场经理助理岗位薪资标准执行，赵某当场表示拒绝。第二天，公司告知赵某，公司调岗是根据法律规定，公司有义务对不胜任的员工进行调岗，如果依然不胜任的，公司可以解除劳动合同。对此，赵某表示理解，并到新岗位报到。

3 个月后，赵某辞职，并提出离职的原因是公司单方调整工作岗位和薪资标准。据此，要求公司支付经济补偿金。

分析要求：

1. 公司调整工作岗位是否合法？为什么？

2. 本案中，赵某辞职属于什么性质的解除？有什么法律依据？

3. 赵某关于经济补偿金的请求是否能够得到支持？为什么？

解题要点：

本题主要考核劳动合同变更、解除的条件和程序。

法律链接：

《劳动合同法》

第四十条　有下列情形之一的，用人单位提前三十日以书面形式通知劳动者本人或者额外支付劳动者一个月工资后，可以解除劳动合同：

……

（二）劳动者不能胜任工作，经过培训或者调整工作岗位，仍不能胜任工作的。

《最高人民法院关于审理劳动争议案件适用法律若干问题的解释》

第十一条　变更劳动合同未采用书面形式，但已经实际履行了口头变更的劳动合同超过一个月，且变更后的劳动合同内容不违反法律、行政法规、国家政策以及公序良俗，当事人以未采用书面形式为由主张劳动合同变更无效的，人民法院不予支持。

参考答案：

1. 公司调动赵某的工作合法。根据劳动合同法的相关规定，员工不胜任工作，单位可以调整工作岗位或者培训。

2. 本案中，赵某辞职属于主动离职。根据《劳动合同法》第三十七条规定。劳动者提前30天书面通知用人单位可以解除劳动合同。

3. 赵某的经济补偿请求不能得到支持。根据劳动合同法的规定，劳动者主动解除劳动合同获得经济补偿的限于因用人单位过失造成劳动者离职的情形，非单位过失劳动者主动离职没有经济补偿。

案例 3-4　员工离职提前通知的问题

背景资料：

李先生于2013年11月1日进入某公司工作，担任网络工程师一职，负责为客户安装并调试网络设备的工作。双方签订了一份两年期的合同。期限自2013年11月1日至2015年10月30日止。合同同时约定，李先生每月工资为8000元，公司在每月15日支付上个自然月的工资，2014年3月21日，李先生突然向公司人事经理提出离职的申请，要求当日离职，并要求人事经理立即结算2014年3月的工资，人事经理表示不能同意李先生当天离职并结算工资的请求，要求李先生提交书面的辞职报告，在30天内离职，并妥善完成3月25日由李先生负责的某客户网络设备安装调试工作。双方争执未果，李先生当日就离开公司，从此再未回到公司工作，李先生的突然离职，最终导致了公司不得不临时聘用其他工程师负责完成3月25日的设备安装调试。

李先生见公司久久不支付3月工资，便在2014年5月要求公司立即支付，公司已经将李先生2014年3月的工资用于折抵临时聘用人员的费用，并以此为由拒绝支付，要求李先生另行赔偿突然离职给公司造成的损失，双方诉至劳动仲裁委员会。

分析要求：

1. 李先生在 2014 年 3 月 21 日突然离职是否合法？为什么？

2. 公司以李先生 2014 年 3 月的工资来折抵损失并拒不支付李先生工资的做法是否合法？为什么？

3. 公司要求李先生支付赔偿的做法是否合法？为什么？

解题要点：

本题考核劳动者解除劳动合同相关规定。

法律链接：

《劳动合同法》

第三十七条 （略）。

原劳动部《违反〈劳动法〉有关劳动合同规定的赔偿办法》

第四条 （略）。

《上海市企业工资支付办法》2016 年修订版

……

六、企业应当每月至少支付一次工资，支付工资的具体日期由企业与劳动者约定。

七、企业与劳动者终止或依法解除劳动合同的，企业应当在与劳动者办妥手续时，一次性付清劳动者的工资。对特殊情况双方有约定且不违反法律、法规规定的，从其约定。

参考答案：

1. 李先生的离职不符合法律规定，根据《劳动合同法》第三十七条，劳动者主动离职需要提前 30 天书面通知用人单位。

2. 公司拒不支付工资来抵扣损失的做法不合法，按照本市相关规定，工资必须按月支付，解除和终止劳动合同的，除非双方有特殊约定，否则企业应当在办妥手续时，一次性付清劳动者的工资。

3. 公司要求李先生支付赔偿的做法不合法。根据原劳动部的规定，劳动者离职未履行提前告知义务的，公司可以要求赔偿招聘本人的费用及因离职造成的直接经济损失。本案中，公司招用他人的费用，不应由劳动者承担。

案例3-5　劳动合同的解除

背景资料：

李先生是一家科技公司的市场部主管，在公司工作已经三年多，工作表现尚可。自去年下半年以来，李先生因为个人情感问题严重影响了工作，绩效表现一直不佳。连续三个季度的绩效考核不合格。市场部经理及人力资源部经理多次与其沟通，要求其努力改善工作表现，但李先生之后连续两个季度的绩效考核依旧不合格。公司经研究决定，拟以李先生工作不胜任为由解除劳动合同。李先生认为很没有面子，到人力资源部吵闹，公司即以李先生不胜任工作为由解除其劳动合同。

分析要求：

1. 公司是否可以解除李先生的劳动合同？为什么？

2. 公司如果要解除劳动合同，怎么做才合法？

解题要点：

本题考核劳动合同法中劳动者无过失解除的规定。

法律链接：

《劳动合同法》

第四十条第三项　（略）。

参考答案：

1. 公司不能解除，按照法律规定，不胜任工作需要培训或调岗后，仍然不胜任，才可以解除。

2. 应当首先调整岗位或者进行培训，然后再考核，如果考核还不合格，可以提前30天通知或者支付1个月代通知金后解除，同时将解除通知送达工会。解除后，还需根据工作年限支付经济补偿金。

案例 3-6 解除劳动合同后的义务

背景资料：

张小姐被某公司录用，担任销售，签订了三年的劳动合同。一年半后，公司认为张小姐不胜任工作，欲解除劳动合同，张小姐虽然不服，但考虑到再做下去也没有意思，双方于是在 2014 年 6 月 30 日解除了劳动合同。同年 8 月，张小姐去新单位上班，被告知因商家单位未办理退工，无法录用，张小姐于是联系了原单位，要求办理退工及支付经济补偿。公司以张小姐未办理交接手续为由，拒绝办理退工及支付经济补偿。

分析要求：

1. 公司不办退工是否合法？为什么？

2. 公司不支付经济补偿是否合法，为什么？

解题要点：

本题主要考核劳动合同法中关于离职后单位退工义务的规定和经济补偿金支付的规定。

法律链接：

《劳动合同法》

第五十条　用人单位应当在解除或者终止劳动合同时出具解除或者终止劳动合同的证明，并在十五日内为劳动者办理档案和社会保险关系转移手续。

劳动者应当按照双方约定，办理工作交接。用人单位依照本法有关规定应当向劳动者支付经济补偿的，在办结工作交接时支付。

参考答案：

1. 公司不办退工不合法。根据劳动合同法规定，离职后单位应当在 15 日内办理退工手续。

2. 公司不支付经济补偿合法，根据规定经济补偿可在工作交接完成后支付。

案例 3-7　单位要求劳动者赔偿损失

背景资料：

蔡小姐是某单位的财务人员，因为经济运营需要港币，单位要求蔡小姐将 15 万元兑换成港币。蔡小姐与另外两位同事一起持 15 万元现金支票到银行取完款，然后至公司附近某银行外与"黄牛"进行私下交易，"黄牛"在验看人民币真伪后，让蔡小姐等人在原地等候她回去取港币，却不料一去不见踪影。蔡小姐等人回到单位后，却诧异地发现手里的人民币除了两张百元面额的人民币外，其余均为冥币。蔡小姐立即报警，但案件却没有侦破。单位认为蔡小姐办事严重失职，给单位造成了巨大损失，要求蔡小姐全额赔偿损失，并从蔡小姐工资中按月扣除。蔡小姐不服，认为自己没有过失，单位不能要求她赔偿损失，于是申请劳动争议仲裁。

分析要求：

1. 单位能否要求蔡小姐赔偿 15 万元的损失？

2. 请具体说明理由。

解题要点：

本题考核工资支付的相关规定。

法律链接：

原劳动部《工资支付暂行规定》

第十六条　因劳动者本人原因给用人单位造成经济损失的，用人单位可按照劳动合同的约定要求其赔偿经济损失。经济损失的赔偿，可从劳动者本人的工资中扣除。但每月扣除的部分不得超过劳动者当月工资的 20%。若扣除后的剩余工资部分低于当地月最低工资标准，则按最低工资标准支付。

《上海市企业工资支付办法》2016 年修订版

第二十二条　劳动者因本人原因给企业造成经济损失，企业依法要其赔偿，并需从工资中扣除赔偿费的，扣除的部分不得超过劳动者当月工资的 20%，且扣除后的剩余工资不得低于本市规定的最低工资标准。

参考答案：

1. 公司可以要求蔡小姐赔偿。

2. 根据劳动部及上海地方规定，由于劳动者原因给单位造成经济损失的，可以要求赔偿，但扣除工资部分不能超过当月工资的20%，且扣除后不低于最低工资标准。蔡小姐身为财务人员没有尽到审慎的义务，违反财务规定和"黄牛"交易导致公司现金损失，本身存在一定过错。但考虑到其过失是职务行为造成，属于公司经营风险的一部分，本着公平合理的原则，公司不应当全部转嫁风险给劳动者，故可以按照责任大小合理赔偿。

案例 3-8　单位调整女职工岗位

背景资料：

2007年12月，赵小姐被一家公司聘为市场总监，双方订立一年期限的劳动合同，终止日是2008年12月31日。约定工资为2万元。2008年3月，赵小姐得知自己已怀孕，向单位告知这一情况，不料时隔半个月，公司突然说赵小姐所在部门被撤销。次日，公司要求赵小姐到市场经理助理岗位上班，同时工资降到原来的一半，赵小姐当场拒绝。第二天，公司发给赵小姐一份待岗通知书，理由是因市场部被撤销没有其他岗位安排，而赵小姐又怀孕，合同顺延到哺乳期结束，之后公司不再提供工作岗位给她，工资降到每月一千元。赵小姐感到很委屈。她觉得是因为自己怀孕了才被降薪降职的，于是提出劳动仲裁。

分析要求：

1. 请分析公司做法是否合法？

2. 请具体说明理由。

解题要点：

本题主要涉及女职工保护、劳动合同的终止及顺延、劳动合同解除补偿、工资的支付规定。

法律链接：

《妇女权益保障法》

第二十七条　任何单位不得因结婚、怀孕、产假、哺乳等情形，降低其工资、予以辞退、与其解除劳动或者聘用合同。

国务院《女职工劳动保护特别规定》

第五条　用人单位不得因女职工怀孕、生育、哺乳而降低其工资、予以辞退、与其解除劳动或者聘用合同。

《劳动合同法》

第四十五条　劳动合同期满，有本法第四十二条规定情形之一的，劳动合同应当续延至相应的情形消失时终止。

第四十二条　劳动者有下列情形之一的，用人单位不得依照本法第四十条、第四十一条的规定解除劳动合同：

……

（四）女职工在孕期、产期、哺乳期的。

第三十八条　用人单位有下列情形之一的，劳动者可以解除劳动合同：

未按照劳动合同约定提供劳动保护或者劳动条件的。

第四十六条　有下列情形之一的，用人单位应当向劳动者支付经济补偿：

劳动者依照本法第三十八条规定解除劳动合同的。

……

（五）除用人单位维持或者提高劳动合同约定条件续订劳动合同，劳动者不同意续订的情形外，依照本法第四十四条第一项（合同期满）规定终止固定期限劳动合同的。

原劳动部《工资支付暂行规定》

第十二条　非因劳动者原因造成单位停工、停产在一个工资支付周期内的，用人单位应按劳动合同规定的标准支付劳动者工资。超过一个工资支付周期的，若劳动者提供了正常劳动，则支付给劳动者的劳动报酬不得低于当地的最低工资标准；若劳动者没有提供正常劳动，应按国家有关规定办理。

参考答案：

1. 公司有些做法合法，有些不合法。

2. 公司以部门撤销为理由调整赵小姐工作，降低工资的做法不合法。根据国家法律及女职工劳动保护特别规定，女职工"三期"内不得降低工资。

调整工作也要和员工协商，有合理性。

公司顺延赵小姐劳动合同合法，根据劳动合同法相关规定，劳动者在"三期"内合同要顺延到"三期"满为止。

合同到期后公司不提供工作岗位，工资降低到1000元不合法。合同顺延到期后，公司可以终止，但如果不终止，应当提供合适的工作岗位。根据劳动合同法，用人单位不提供劳动条件的，劳动者可以离职，并要求经济补偿。另外工资降到1000元的做法有问题，根据原劳动部工资支付暂行规定和上海企业工资支付办法，单位原因造成停工、停产在一个工资支付周期内的，要支付劳动合同约定的工资，超过一个支付周期，应当根据劳动者提供的劳动支付工资，但最低不低于最低工资标准。如果劳动者没有提供劳动，应当双方协商，支付生活费，通常不低于当地最低生活保障。但鉴于合同已经到期，如果公司提供的工资低于本人原来工资，也可视作单位降低条件和劳动者订立劳动合同，劳动者可以拒绝并要求支付经济补偿。

案例3-9　单位要求离职劳动者赔偿损失

背景资料：

小王于2005年3月到某公司工作，双方签订为期1年的劳动合同，2005年11月30日，公司口头通知小王不用来上班了，次日，小王按时到公司，但公司再次口头通知他不用来上班了，小王无奈，只得离开公司。此后，公司一直没有通知小王办理离职手续，也没有通知小王上班，2005年12月，小王就工资、加班费等问题申请劳动仲裁，后达成调解协议，2006年1月，公司以"双方虽达成调解协议，但劳动合同尚未到期，小王应继续履行"为由，申请劳动仲裁，要求小王赔偿因其擅自离职而给公司造成的损失。

分析要求：

1. 公司的请求能否得到支持？
2. 请具体说明理由。

解题要点：

本题分析单位要求劳动者赔偿的条件。

参考答案：

1. 公司请求不能得到支持。

2. 小王不来上班，并不是本人主动离职，而是公司通知。之后，也没有再通知上班。所以非劳动者的原因造成不履行劳动合同。

双方已经就工资、加班费申请达成一致，公司再要求小王赔偿损失没有依据。

案例 3-10 延迟办理退工手续的问题

背景资料：

王先生原来是部队飞行员，转业后到某航空公司工作。后因工作出色，担任机长。航空公司与王先生签订了无固定期限劳动合同。近期，王先生因个人原因决定跳槽。王先生按照法律规定提前一个月向航空公司提交了书面辞职报告，接到辞职报告后，航空公司停止了王先生的工作，随后按月支付基本工资，王先生多次要求公司办理退工手续，但公司认为王先生应该当照规定支付赔偿金。于是，王先生提出劳动仲裁，要求航空公司办理退工手续。

分析要求：

1. 王先生的请求能否得到支持？

2. 请具体说明理由。

解题要点：

本题考核劳动者离职后单位不办理退工的法律后果。

法律连接：

《劳动合同法》

第五十条 （略）。

上海市劳动和社会保障局《关于实施〈上海市劳动合同条例〉若干问题的通知（二）》

五、关于未及时办理退工手续的赔偿问题

（一）劳动合同关系已经解除或者终止，用人单位未按《条例》规定出具解除或者终止劳动合同关系的有效证明或未及时办理退工手续，影响劳动者办理失业登记手续造成损失的，用人单位应当按照失业保险金有关规定予以赔偿；给劳动者造成其他实际损失的，用人单位应当按照劳动者的请求，赔偿其他实际损失，但不再承担法定失业保险金的赔偿责任。

......

参考答案：

1. 王先生的要求能得到支持。

2. 根据劳动合同法规定员工离职单位必须在 15 天内办理退工及社保转移，如果单位拒不办理退工手续，按照上海地方规定，单位要按照失业保险金的规定支付赔偿，如果给劳动者造成实际损失，应当按照劳动者的请求赔偿其他实际损失。而单位要求支付赔偿金的要求，根据劳动合同法，只有单位给劳动者提供了专项技术培训，约定了服务期和违约金，那么劳动者未履行完服务期而离职的，可以要求支付违约金。但本案中，劳动者的飞行技能系部队习得，而不是航空公司提供，故不能要求王先生支付违约金。

四、集体协商与民主管理模块（9题）

案例 4-1 集体协商和集体合同的应用

背景资料：

某公司工会代表职工就职工福利事项与企业进行集体协商。工会在 5 月 20 日将集体协商建议书交给企业方，要求在 6 月 25 日进行集体协商。并在集体协商建议书中说明，职工方共有 8 人参加协商。其中一名是大学教授、两名是律师。6 月 20 日企业口头回答，因为工会请了企业以外的人员参加，经研究他们不同意进行集体协商。工会向劳动争议仲裁委员会申请仲裁，劳动争议仲裁委员会经研究后，作出了不予受理的决定。

分析要求：

1. 根据我国现行法律、法规的规定，请指出其中的错误之处并说明理由。

2. 劳动争议仲裁委员会不予受理的决定是否正确，为什么？

解题要点：

本题主要考核集体协商流程、规定。

法律链接：

《上海市集体合同条例》

第六条　企业职工一方与企业就劳动关系有关事项进行集体协商，应当按照本条例规定的程序产生各自的协商代表和首席代表。协商代表具体人数由双方协商确定，但每方协商代表人数不得少于三人，企业一方的协商代表不得多于职工一方的协商代表。

......

集体协商双方根据实际需要可以聘请本企业以外的专业人员担任本方协商代表，但其人数不得超过本方协商代表人数的三分之一。

第十五条　集体协商双方的任何一方均可以向对方以书面形式提出进行集体协商的建议。另一方在收到集体协商建议书之日起十五日内应当给予书面答复，拒绝集体协商的，应当有正当的理由。

第三十四条　职工一方或者企业一方无正当理由拒绝或者拖延另一方的集体协商要求，或者双方在集体协商过程中不能达成一致或者签订集体合同的，职工一方可以提请上级工会、企业一方可以提请企业方面代表进行指导。经指导仍未能达成一致的，集体协商的任何一方可以提请人力资源社会保障部门协调处理。集体协商双方未提请协调处理的，人力资源社会保障部门认为必要时，也可以进行协调处理。

参考答案：

1. 存在问题：①单位回复时间、回复方式不合法。按照上海规定集体协商双方的任何一方均可以向对方以书面形式提出进行集体协商的建议。另一方在收到集体协商建议书之日起15日内应当给予书面答复。②聘请外援人数不合法，外援人数不能超过本方代表的1/3。③工会申请劳动争议仲裁的程序不合法。在集体合同协商阶段发生争议，不应申请仲裁。

2. 劳动争议仲裁委员会不受理是正确的，根据上海市集体合同条例规定，集体合同协商阶段发生争议，应当首先提请上级工会指导，仍不能达成一致的，应当提请人社部门协调处理。

案例 4-2　集体协商代表

背景资料：

某公司工会代表职工就职工培训事项与企业进行集体协商。公司以董事长为首席代表并指派了人事科科长、财务科科长和办公室主任三人参加，职工一方以工会主席老张为首席代表，另外有工会文体委员小赵，工程师老王，大学生小李参加。协商中，大学生小李对培训提出了较高的要求，人事科长提出异议，并指出小李刚进单位，目前还在试用期，未经过企业劳动人事科的同意，不能担任协商代表，双方就协商代表的合法性发生争议。

分析要求：

1. 公司不同意大学生小李作为协商代表是否符合法律规定，为什么？

2. 如果单位没有工会，协商代表如何产生？

解题要点：

本题主要考核集体协商代表的产生及资质。

法律链接：

《上海市集体合同条例》

第七条 已经建立工会的企业，职工一方的协商代表由本企业工会选派，建立女职工委员会的，协商代表应为女性。首席代表由工会主要负责人担任。

尚未建立工会的企业，职工一方的协商代表由上级工会指导职工民主推荐，并经本企业半数以上职工同意，首席代表由协商代表民主推荐产生。

企业一方的协商代表由企业法定代表人指派，首席代表由法定代表人或者其书面委托的人担任。

参考答案：

1. 公司的做法不符合法律规定，根据上海市集体合同条例的规定，职工一方的协商代表由工会选派，首席代表由工会主要负责人担任。因此，只要小李是公司员工，受工会指派，可以作为协商代表。

2. 根据规定没有工会的企业，应当向上级工会申请，由上级工会派员指导本企业职工民主选举，经过本企业半数以上员工同意可以当选为职工代表，首席代表由协商代表民主推荐产生。

案例 4-3 中国工会的性质

背景资料：

某外商独资企业开业两年多未建立工会，上级工会根据公司员工的反映前往企业进行协调沟通，外方总经理认为未建立工会有两大理由：其一，该公司总部在国外，公司对建立工会事宜曾多次请示总部但未予答复，所以不好办。其二，公司认为建立工会是企业的自主权，上级部门无权前往干预。

上级部门工会在进行员工访谈中，发现70%的职工有组建工会的愿望。

分析要求：

假如你是上级部门工会成员，如何依法与单位理论？

解题要点：

本题主要考核工会成立的条件、程序。

法律链接：

《工会法》

第二条　工会是职工自愿结合的工人阶级的群众组织。

第三条　在中国境内的企业、事业单位、机关中以工资收入为主要生活来源的体力劳动者和脑力劳动者，不分民族、种族、性别、职业、宗教信仰、教育程度，都有依法参加和组织工会的权利。任何组织和个人不得阻挠和限制。

第十条　企业、事业单位、机关有会员二十五人以上的，应当建立基层工会委员会。

第十一条　基层工会、地方各级总工会、全国或者地方产业工会组织的建立，必须报上一级工会批准。

上级工会可以派员帮助和指导企业职工组建工会，任何单位和个人不得阻挠。

参考答案：

根据工会法规定，工会是职工资源结合的工人阶级群众组织。

在中国境内的企事业单位，机关中以工资收入为主要生活来源的劳动者，都有参加工会的权利。25人以上的企事业单位机关应当建立基层工会，任何组织和个人不得阻挠限制。所以，公司总部是否批准不成为不组建工会的理由。

基层工会的建立，必须报上一级工会批准，上级工会可以派员指导企业成立工会，任何单位个人不能阻挠，因此组建基层工会并不是企业自主权，而是上级工会的义务。

本单位中70%的员工有加入工会的意愿，上级工会可以帮助组建。

案例 4 - 4　工会干部的劳动合同终止

背景资料：

小王和小张从工会学院毕业后被一家大型企业录用，合同期限三年，从 2012 年 9 月 1 日至 2015 年 8 月 31 日。2013 年 9 月，小王与小张同事当选为企业工会成员，其中，小王担任工会兼职副主席，小张担任工会专职工会委员，任期三年，从 2013 年 9 月 1 日至 2016 年 8 月 31 日。

分析要求：

1. 2015 年 8 月 31 日两人的劳动合同期满，企业可以终止他们的劳动合同吗？为什么？

2. 企业何时可以终止小王与小张的合同？为什么？

解题要点：

本题主要考核工会干部劳动关系的具体规定。

法律链接：

《工会法》

第十八条　基层工会专职主席、副主席或者委员自任职之日起，其劳动合同期限自动延长，延长期限相当于其任职期间；非专职主席、副主席或者委员自任职之日起，其尚未履行的劳动合同期限短于任期的，劳动合同期限自动延长至任期期满。但是，任职期间个人严重过失或者达到法定退休年龄的除外。

参考答案：

1. 企业不能终止两人的合同，根据工会法的规定，专职工会主席或者委员的劳动合同自动延长，延长期限等于起任职期间，非专职工会主席，副主席或者委员自任职之日起，未履行的劳动合同期限短于任期则顺延到任期满。本案中，两人的工会干部任期未满，且没有严重过失或达到退休年龄的情形，不能终止。

2. 小王是兼职的工会副主席，所以他的劳动合同应当顺延到任期满，即 2016 年 8 月 31 日。

小张是专职工会委员，其劳动合同自任职之日起自动延长相当于任期期间的时间，所以应当在 2018 年 8 月 31 日终止。

案例 4-5　工会干部的保护

背景资料：

某私营企业为加强劳动关系管理，对岗位竞聘、合同期限等做出了一系列新的规定，职工对重新签订的劳动合同期限有异议，反映到工会，工会兼职主席王刚向企业管理方提出了意见和建议。事后 3 个月，企业突然通知王刚，以其未能很好地配合企业劳动合同管理且任期将满为由（工会任期还有三个月，劳动合同期限还有 2 年），提出供其选择的两个方案。

1. 如果选择解除劳动合同，企业予以一年补偿一个月的经济补偿金。

2. 如果不选择解除劳动合同，将面临调整岗位，从中级技术人员岗位工资 3500 元，调至一般操作工人岗位工资 2200 元。

分析要求：

你认为企业的做法对吗？为什么？

解题要点：

本题主要考核工会干部的保护条款。

法律链接：

《工会法》

第十七条　工会主席、副主席任期未满时，不得随意调动其工作。因工作需要调动时，应当征得本级工会委员会和上一级工会的同意。

罢免工会主席、副主席必须召开会员大会或者会员代表大会讨论，非经会员大会全体会员或者会员代表大会全体代表过半数通过，不得罢免。

第二十条　工会帮助、指导职工与企业以及实行企业化管理的事业单位签订劳动合同。

第三十八条　企业、事业单位研究经营管理和发展的重大问题应当听取工会的意见；召开讨论有关工资、福利、劳动安全卫生、社会保险等涉及职工切身利益的会议，必须有工会代表参加。

参考答案：

企业的做法不对。对于企业研究经营管理和发展重大问题时应当听取工会的意见，同时法律赋予工会帮助、指导职工与企业签订劳动合同的权利，工会兼职主席王刚因职工劳动合同签订的事情向企业提出意见建议，企业方以解除劳动合同或者调整工作岗位作为回应，完全错误。

根据工会法规定，工会主席、副主席任期未满时，不得随意调动其工作。因工作需要调动时，应当征得本级工会委员会和上一级工会的同意。因此，未经同意企业单方面要解除兼职工会主席的劳动合同或调整工作岗位，是违法行为。

案例 4-6 职工代表大会决议的效力认定

背景资料：

某国有企业1999年4月进行了职代会三年一届的换届工作。2005年8月，当该企业就职工的岗位薪酬、劳动时间等方案提交职代会审议表决时，却遭到了大部分职工的反对。职工认为，企业职代会已经逾期不合法。并就此意见多次集体上访到市有关部门，要求企业上级部门同意他们的意见，进行职代会换届改选。

分析要求：

1. 职工的意见是否正确？为什么？

2. 职代会改选操作程序应当如何进行？

解题要点：

本题主要考核职代会的任期规定，职代会代表选举程序。

法律链接：

《上海市职工代表大会条例》

第二十一条 职工代表大会每届任期为三年至五年。职工代表大会因故需要延期换届的，延期时间不得超过一年。

第十四条 企事业单位的职工可以当选为职工代表。

职工代表由职工民主选举产生，实行常任制，可以连选连任，任期与职工代表大会届期相同。

选举职工代表一般以分公司、分院（校）、部门、班组、科室等为选区。选举应当有选区全体职工三分之二以上参加，候选人获得选区全体职工半数以上赞成票方可当选。选举结果应当公布。

参考答案：

1. 员工的意见正确，根据相关法规，职工代表大会的任期为三年至五年，因故需要延期换届的，延期时间不超过一年。本案例中，职代会任期超过上述规定。

2. 根据相关规定，选举职工代表的流程：①制定方案；②广泛宣传；③酝酿职工代表候选人；④民主选举，以分公司、分院（校）、部门、班组、科室等为选区，采用无记名投票，选区全体职工三分之二以上参加，候选人获得选区全体职工半数以上赞成票方可当选；⑤代表资格审查；⑥选举结果应当公布。

案例 4-7 企业职代会的人员

背景资料：

某企业共有职工 190 人。在一次就职代会审议工资、奖金分配方案草案时，遭到了职工代表的反对。职工代表提出，企业的职工代表人数太少，只有 18 位代表，且 11 位代表还是本单位的总经理、副总经理和科长、主任等，代表比例也不对，这样讨论审议涉及职工切身利益的方案，对普通的一线职工显然不公平。因此，他们要求按规范的代表比例和结构重新选举职工代表。

分析要求：

职工代表提出的上述意见是否合理？试论述理由。

解题要点：

本题主要考核职代会成员的构成比例。

法律链接：

《上海市职工代表大会条例》

第十五条 职工代表的构成应当以一线职工为主体，中高层管理人员不超过百分之二十，但跨地区、跨行业的大型集团型企业的比例可以适当提高。女职工代表比例一般与本单位女职工人数所占比例相适应。

教育、科技、文化、卫生等领域的企事业单位，职工代表应当以直接从事专业技术工作的人员为主体。

第二十条　企事业单位职工代表大会的职工代表名额，按照下列规定确定：

（一）职工人数在一百人至三千人的，职工代表名额以三十名为基数，职工人数每增加一百人，职工代表名额增加不得少于五名；

......

参考答案：

职工意见合理。根据上海市职工代表大会条例的规定职工人数在100到3000之间的，以30人为基数，每增加100人增加职工代表不少于5名。本案例中职工人数190人，职工代表应当不少于30人。

职工代表的比例也存在问题，根据上海市的规定，职工代表的比例构成中，中高层管理人员不超过20%，以一线员工为主。本案例中，企业管理人员比例超过60%，不符合规定。

案例4-8　企业职代会的召开

背景资料：

某公司1月20日下午召开职代会，审议本年度职工福利基金使用方案草案。当天，50名职工代表只来了26名，另有24名代表因一些主客观原因未能到会。会议召开前，会务组下发了该方案草案，企业领导在会上简单地介绍了这份草案起草的经过，便将该方案草案提交职代会审议表决，结果共有20名职工代表举手同意了该方案草案，会议主持人宣布该方案草案获得了实到代表的过半数赞成票，方案通过，可以付诸实施。

分析要求：

指出该公司做法违反了职工代表大会的哪些基本原则？

解题要点：

本题主要考核职代会召开的相关程序规定。

法律链接：

《上海市职工代表大会》

第二十七条　职工代表大会须有全体职工代表三分之二以上出席，方可召开。

第二十九条　提交职工代表大会审议和审议表决的书面材料，应当在职工代表大会召开的七日前送交职工代表；职工代表团（组）应当组织职工代表讨论，由工会及时汇总整理职工代表团（组）的意见和建议。

第三十条　职工代表大会审议通过事项，应采取无记名投票方式，并须获得全体职工代表半数以上赞成票方可通过。

第三十二条　法律法规规定应当提交职工代表大会审议的事项，未按照法定程序提交的，企事业单位的工会有权要求纠正，企事业单位应当根据工会的要求予以纠正。

法律法规规定应当提交职工代表大会审议通过的事项，未按照法定程序提交审议通过的，企事业单位就该事项作出的决定对本单位职工不具有约束力。

参考答案：

职代会违反的规定有：①出席人数不符合规定。职代会应有 2/3 以上代表参加才能召开，本案例中 50 名代表只到了 26 名，不足 2/3。②递交审议资料的程序不合法，按规定议题资料应当提前 7 日下发，由职工代表讨论，工会汇总意见。本案中，书面材料会前下发，未经过讨论汇总。③表决人数不合法。按照规定，必须获得全体员工半数以上赞成才能通过，本案例中表决赞成的人数只有 20 名，不到全体代表半数以上。④表决方式不合法。职代会表决应当采取无记名方式，本案中采取的是举手表决，不符合规定。⑤实施条件不合法。按照法律法规规定应当提交职工代表大会审议通过的事项，未按照法定程序提交审议通过的，企事业单位就该事项做出的决定对本单位职工不具有约束力。

案例4-9 职工董事的产生程序

背景资料：

一家国有企业拟在7月中旬召开董事会，由于原职工董事已于3月底退休，公司董事长决定由一名公司副总经理以职工董事的身份参加董事会并行使相应的权力，公司工会在知晓这一事情后认为，有公司副总经理兼任职工董事的做法不合法，应重新选举职工董事。

分析要求：

工会提出的意见是否正确？请简述理由。

解题要点：

本题主要考核职工董事产生的程序及资格。

法律链接：

《公司法》

第一百零八条　股份有限公司设董事会，其成员为五人至十九人。

董事会成员中可以有公司职代代表。董事会中的职代代表由公司职工通过职工代表大会、职工大会或者其他形式民主选举产生。

《中华全国总工会关于进一步推行职工董事、职工监事制度的意见》

未担（兼）任工会主席的公司高级管理人员，《公司法》中规定的不能担任或兼任董事、监事的人员，不得担任职工董事、职工监事。

《企业民主管理规定》

第三十八条　职工董事、职工监事候选人由公司工会根据自荐、推荐情况，在充分听取职工意见的基础上提名，经职工代表大会全体代表的过半数通过方可当选，并报上一级工会组织备案。

工会主席、副主席应当作为职工董事、职工监事候选人人选。

第三十九条　公司高级管理人员和监事不得兼任职工董事；公司高级管理人员和董事不得兼任职工监事。

参考答案：

工会提出的意见正确。根据相关法律法规，企业的职工董事应当由企业工会主席、副主席担任。公司高级管理人员和监事不得兼任职工董事。

职工董事候选人应当由公司工会在广泛听取职工意见的基础上提名，经过职工代表大会全体代表过半数通过方可当选，董事长直接任命无效。

五、企业规章制度模块（4题）

案例 5-1　企业规章制度的特征及其效力

背景资料：

张小姐是一家广告公司的设计人员，常利用电脑偷着玩电脑游戏，被部门经理多次指出，要求改正。一天，张小姐又偷偷地玩起电脑游戏，被总经理发现，于是被书面警告了一次。一个月后，张小姐在完成几个设计图案后闲得发慌又玩起了游戏，这次她被身边的同事告发。公司依据《员工手册》中"上班时间不得利用办公电脑玩游戏；违者第一次给予书面警告；第二次再犯，则给予立即解除劳动合同的处理"的规定，以张小姐严重违纪为由，作出了与其解除劳动合同的决定。张小姐接到合同的通知后，马上找到了人事部，首先检讨了自己的错误，但然后又表示了对解除合同决定的不服，她认为：公司无权用单位内部的规定来解除员工劳动合同。公司最终仍决定与张小姐解除劳动合同。张小姐无奈之下提起了劳动仲裁申请。

分析要求：

1. 公司是否有权使用内部的规定来解除员工劳动合同？为什么？
2. 公司制定《员工手册》时，应当遵守怎样的规定？

解题要点：

本题考核规章制度的效力及规章制度的有效性。

法律链接：

《最高人民法院关于审理劳动争议案件适用法律若干问题的解释（一）》

第十九条　用人单位根据《劳动法》第四条之规定，通过民主程序制定的规章制度，不违反国家法律、行政法规及政策规定，并已向劳动者公示的，可以作为人民法院审理劳动争议案件的依据。

《劳动合同法》

第四条　用人单位应当依法建立和完善劳动规章制度，保障劳动者享有劳动权利、履行劳动义务。

用人单位在制定、修改或者决定有关劳动报酬、工作时间、休息休假、劳动安全卫生、保险福利、职工培训、劳动纪律以及劳动定额管理等直接涉及劳动者切身利益的规章制度或者重大事项时，应当经职工代表大会或者全体职工讨论，提出方案和意见，与工会或者职工代表平等协商确定。在规章制度和重大事项决定实施过程中，工会或者职工认为不适当的，有权向用人单位提出，通过协商予以修改完善。用人单位应当将直接涉及劳动者切身利益的规章制度和重大事项决定公示，或者告知劳动者。

参考答案：

1. 用人单位有权使用内部规章制度解除员工劳动合同。根据劳动合同法第四条的规定，建立和完善规章制度是法律赋予用人单位的一项权利。规章制度用来保障劳动者享受劳动权利，履行劳动义务。

根据最高人民法院的司法解释，用人单位的规章制度只要经过民主程序，又不违反国家法律法规政策的规定，并已经公示的，可以作为审理案件的依据。

2. 规章制度要生效，必须满足：①主体适格，必须以用人单位的名义发布；②内容合法合理，不能与法律法规、国家政策、劳动合同及集体合同相冲突；③制定的程序合法，必须经过民主程序，结果要向劳动者公示或告知。

案例 5-2　部门办公会议制定的规章制度

背景资料：

某公司是一家具有几十年历史的老厂，在公司鼎盛时期制定了病假制度，该制度规定：如果本公司工龄超过 10 年，病假期间工资照发，由于老职工较多，所以请病假的员工越来越多，直至开始影响工作，特别是质量控制部门，在部门领导的要求下，该部门行政办公会议做出了一项病假补充规定，该规定称：员工所持病假条必须经过部门领导的同意方可被承认，否则按事假处理，情节严重按旷工处理，直至除名。

分析要求：

1. 公司原有病假制度的规定是否合法、有效？为什么？

2. 部门行政办公会议的决定是否具有法律效力，为什么？

3. 企业应当如何修改规章制度？

解题要点：

本题主要考核病假规定、规章制度的有效性及修改规章制度的流程。

法律链接：

《劳动保险条例实施细则修正草案》

第十六条 （略）。

《劳动合同法》

第四条 （略）。

《最高人民法院关于审理劳动争议案件适用法律若干问题的解释（一）》

第十九条 （略）。

参考答案：

1. 公司原有规定不合法，按照原劳动部相关规定，病假 8 年以上不扣工资，公司的病假制度低于法律法规标准，当属无效。

2. 部门行政办公会议的决定无效，原因：①主体不适合，规章制度必须以用人单位的名义颁布，不应以部门名义；②没有经过民主程序的规章制度，对员工不具有约束力；③病假用人单位只有审核权，并无批准权。

3. 根据《劳动合同法》第四条的规定，在制定涉及员工切身利益的规章制度时，应当经职工代表大会或者全体职工讨论，提出方案和意见，与工会或者职工代表平等协商确定。在规章制度和重大事项决定实施过程中，工会或者职工认为不适当的，有权向用人单位提出，通过协商予以修改完善。用人单位应当将直接涉及劳动者切身利益的规章制度和重大事项决定公示，或者告知劳动者。

案例 5-3 企业流程与企业规章制度

背景资料：

制造部的马经理气冲冲地找到人事部经理说，员工小李多次违反标准操作流程，虽然没有造成大的后果，但屡教不改、性质严重，要求人事部按违反操作流程解除其合同。人事部认真阅读了马经理递交的材料后认为，小李犯错误是事实，但5条事项中没有一项能够够得上公司的《劳动纪律规定》中的解除条件，因此告知马经理不能对小李做解除处理。马经理对人事部的解释非常不满，认为违反标准流程是非常严重的错误，如果不能据此作处理决定，那么以后就没有办法去要求员工，认为人事部太软弱，并投诉至总经理处。

分析要求：

1. 人事部的回答是否有道理？请说明理由。

2. 总经理该如何处理？请说明理由。

解题要点：

本题主要考核规章制度的有效性。

法律链接：

《最高人民法院关于审理劳动争议案件适用法律若干问题的解释（一）》第十九条 （略）。

参考答案：

1. 根据劳动合同法及最高院司法解释，用人单位的规章制度只有走民主程序，不违反法律法规的规定，并且向员工公示才能作为处罚的依据，未经过法定程序或者规章制度里没有的内容通常不能作为处罚的依据。

2. 总经理应当：①肯定人事经理的做法；②对制造部的马经理做好说服解释工作；③对违纪员工给予批评教育；④要求人事部门对企业规章制度按照法律程序予以修订完善。

案例 5-4　变更制度要符合规章制度制定的必要条件

背景资料：

某公司原食堂"就餐规定"中规定餐食必须在食堂使用，不得带出食堂，并授权行政部进行解释。食堂改善伙食后，午餐提供餐后水果，经常有员工在用餐后将水果带出食堂。鉴于原规定并未明确加以禁止，公司行政部研究后决定修改"就餐规定"，明确禁止将水果带出食堂，否则将予以处罚。不久，刘小兵和王宏伟因为对食堂有意见，故意将苹果带出食堂，被食堂管理员拦住。刘小兵与食堂管理员发生争吵，直至击打管理员；王宏伟趁乱将水果带出了食堂。单位在员工劳动合同中明确规定严重违反规章制度（包括打架、斗殴等）的立即解除劳动合同。

分析要求：

1. 公司修改"就餐规定"是否符合法律规定？为什么？

2. 公司对王宏伟的处理是否符合法律规定？为什么？

解题要点：

本题考核规章制度修改的法律程序。

法律链接：

《劳动合同法》

第四条　（略）。

参考答案：

1. 公司修改"就餐规定"不符合法律规定，原因：①主体不适合，非用人单位的名义发布；②程序不合法，没有经过职工代表或全体职工讨论，未与工会或职代会平等协商确立；③未明确公示或告知员工。

2. 公司对王宏伟的处理不符合法律规定。

依据规章制度，打架斗殴是严重违纪可以立即解除，但王宏伟只是偷拿水果出食堂，规章制度对此类行为并无明确禁止；从后果上看也没有达到严重违纪的程度。

六、劳动争议调解和仲裁模块（8题）

案例 6-1　劳动争议概念及劳动仲裁受理程序的应用

背景资料：

申请人王某与某企业订有三年期的劳动合同，在履行了两年半后，企业以王某不能胜任工作为由解除了合同，并办理了退工手续。王某对解除合同有异议，但又表示单位给予一定的经济赔偿后可以放弃追究，公司表示可以考虑，于是双方就经济赔偿的标准与数额进行了多次协商。王某要求公司支付剩余合同期的工资，公司只同意按工作年限支付其两个月的工资，经过一年的协商，双方仍然无法达成经济赔偿的协议。在企业明确表示不接受王某提出的条件后，王某即向劳动争议仲裁委员会递交申诉书申请仲裁，要求企业按其要求支付经济赔偿金。

分析要求：

1. 双方之间的争议是否属于劳动争议？为什么？
2. 双方争议是否在申请仲裁的时效之内？为什么？

解题要点：

本题考核劳动争议的范围及时效。

法律链接：

《劳动争议仲裁调解法》

第二条　中华人民共和国境内的用人单位与劳动者发生的下列劳动争议，适用本法：

（一）因确认劳动关系发生的争议；

（二）因订立、履行、变更、解除和终止劳动合同发生的争议；

（三）因除名、辞退和辞职、离职发生的争议；

（四）因工作时间、休息休假、社会保险、福利、培训以及劳动保护发生的争议；

（五）因劳动报酬、工伤医疗费、经济补偿或者赔偿金等发生的争议。

第二十七条　劳动争议申请仲裁的时效期间为一年。仲裁时效期间从当事人知道或者应当知道其权利被侵害之日起计算。

前款规定的仲裁时效，因当事人一方向对方当事人主张权利，或者向有关部门请求权利救济，或者对方当事人同意履行义务而中断。从中断时起，仲裁时效期间重新计算。

因不可抗力或者有其他正当理由，当事人不能在本条第一款规定的仲裁时效期间申请仲裁的，仲裁时效中止。从中止时效的原因消除之日起，仲裁时效期间继续计算。

劳动关系存续期间因拖欠劳动报酬发生争议的，劳动者申请仲裁不受本条第一款规定的仲裁时效期间的限制；但是，劳动关系终止的，应当自劳动关系终止之日起一年内提出。

参考答案：

1. 双方争议属于劳动争议。根据法律规定，有关经济补偿金赔偿金的争议属于劳动争议。

2. 争议在时效内。根据劳动争议调解仲裁法规定，仲裁时效一年。因当事人一方向对方当事人主张权利，或者向有关部门请求权利救济，或者对方当事人同意履行义务而中断。从中断时起，仲裁时效期间重新计算。本案中劳动者不断和单位交涉要求赔偿，构成时效中断，所以还在时效内。

案例 6-2　劳动争议概念及劳动仲裁的管辖范围

背景资料：

南京某企业在本市设立销售办事处，招用王某作为上海地区销售经理，负责上海地区的销售工作。工作中，王某与企业因销售提成的数额发生争议，双方经协商无法达成解决争议的协议，于是，王某即向本市某区劳动争议仲裁委员会申请仲裁，要求企业按双方口头约定的分成方案支付销售提成。企业首先认为双方之间的提成纠纷不是劳动争议，而是经济纠纷，劳动争议仲裁委员会不应受理；其次，如果作为劳动争议，本企业是南京企业，应当由南京市劳动争议仲裁委员会受理。

分析要求：

1. 当事人之间的争议是否属于劳动争议？

2. 如果属于劳动争议，应当由哪个劳动争议仲裁委员会管辖规定，为什么？

解题要点：

本题主要考核劳动争议范围、工资的组成及劳动争议的管辖。

法律链接：

《劳动争议仲裁调解法》

第二条 （略）。

国家统计局《关于工资总额组成的规定》（国家统计局令第 1 号）

第四条 工资总额由下列六个部分组成：

（一）计时工资；

（二）计件工资；

（三）奖金；

（四）津贴和补贴；

（五）加班加点工资；

（六）特殊情况下支付的工资。

《劳动争议仲裁调解法》

第二十一条 劳动争议仲裁委员会负责管辖本区域内发生的劳动争议。

劳动争议由劳动合同履行地或者用人单位所在地的劳动争议仲裁委员会管辖。双方当事分别向劳动合同履行地和用人单位所在地的劳动争议仲裁委员会申请仲裁的，由劳动合同履行地的劳动争议仲裁委员会管辖。

参考答案：

1. 当事人的争议属于劳动争议范畴，员工的销售提成根据工资总额组成的规定应当属于工资性收入，而因为劳动报酬的争议根据法律规定属于劳动争议范畴。

2. 根据劳动争议调解仲裁法的规定，劳动争议由劳动合同履行地或者用人单位所在地的劳动争议仲裁委员会管辖。双方当事分别向劳动合同履行地和用人单位所在地的劳动争议仲裁委员会申请仲裁的，由劳动合同履行地的劳动争议仲裁委员会管辖。由此可见履行地有优先权。本案中王某在上海工作，向上海的区县仲裁委员会提出仲裁申请，应当由本市仲裁委员会管辖。

案例 6-3 服务期违约赔偿责任

背景资料：

王某原为某国有企业的员工，与国有企业签订无固定期限劳动合同。该国有企业曾出资对王某进行过培训，双方另签订有服务期协议，并约定了违约的赔偿责任。服务期内，该国有企业与某外资企业合资，改制成为中外合资企业，并在工商行政部门办理了更名的相关手续。改制后，王某向合资企业表示：由于企业性质、企业名称都已不是原劳动合同的企业方，导致原劳动合同实际解除。由于合同解除的责任在企业方，因此合资企业应当办理退工手续并支付其解除合同的经济补偿金。合资企业则表示，服务期协议应当继续履行，如果王某离职是违约行为，非但不应支付经济补偿金，还应当承担服务期协议约定的赔偿责任。

分析要求：

1. 合资企业提出的服务期协议继续履行是否有依据？为什么？若王某离职，应当承担什么责任？

2. 王某提出的办理退工手续并支付其解除合同经济补偿金的要求是否有依据？为什么？

解题要点：

本题考核不影响劳动合同履行的情形、服务期的规定及经济补偿金支付规定。

法律链接：

《劳动合同法》

第三十四条　用人单位发生合并或者分立等情况，原劳动合同继续有效，劳动合同由承继其权利和义务的用人单位继续履行。

第二十二条　用人单位为劳动者提供专项培训费用，对其进行专业技术培训的，可以与该劳动者订立协议，约定服务期。

劳动者违反服务期约定的，应当按照约定向用人单位支付违约金。违约金的数额不得超过用人单位提供的培训费用。用人单位要求劳动者支付的违约金不得超过服务期尚未履行部分所应分摊的培训费用。

第三十七条　劳动者提前三十日以书面形式通知用人单位，可以解除劳动合同。劳动者在试用期内提前三日通知用人单位，可以解除劳动合同。

第四十六条　有下列情形之一的，用人单位应当向劳动者支付经济补偿：

（一）劳动者依照本法第三十八条规定解除劳动合同的；（用人单位严重过失）

……

参考答案：

1. 合资企业提出的服务期协议继续履行有依据。劳动合同法明确规定企业合并分立不影响劳动合同有效性，劳动合同由继承权利义务的单位继续履行。

王某接受过专项培训约定服务期，因服务期未满，此时离职应当承担违约责任，按照约定向单位支付违约金。

2. 王某离职要求办理退工有依据，根据《劳动合同法》第 37 条及第 50 条规定，员工主动提出离职在履行了告知义务后即可，用人单位应当在劳动者离职后 15 天内办理退工。但鉴于劳动者尚未履行完服务期，此时解除要支付违约金。

王某要求支付经济补偿金无依据。根据《劳动合同法》第 46 条规定，在单位无过失情况下，员工主动离职无经济补偿金。

案例 6-4　违纪解除劳动合同争议

背景资料：

朱先生是某公司的销售人员，长期从事该公司的客户联系工作。在此期间，该公司收到多家客户单位的投诉，反映朱先生在业务联系中曾多次向客户索要好处，希望公司加强管理，杜绝该类事件的发生。公司非常重视，认为朱先生的行为已经严重影响公司的正常业务发展，于是当即找朱先生谈话。事后，朱先生以书面方式承认了此行为，并请求公司原谅。据此公司高层打算将朱先生辞退，人事部门提出公司规章制度中解除条件没有相应的规定，建议谨慎处理，但未被采纳。次日，该公司即以朱先生向业务单位索取好处违反企业规章制度以及拒不接受教育为由对其作出了辞退决定。朱先生不服公司对其作出的处理，即向劳动争议仲裁委员会申请仲裁，要求撤销公司的辞退决定。

分析要求：

1. 公司认为朱先生向业务单位索取好处证据是否充分？

2. 规章制度中没有相关条款的，公司是否可以对朱先生作违纪解除处理？为什么？

解题要点：

本题考核劳动合同解除的条件、规章制度在劳动合同解除中的作用。

法律链接：

《劳动合同法》

第三十九条　劳动者有下列情形之一的，用人单位可以解除劳动合同：

……

（二）严重违反用人单位的规章制度的；

……

《上海市高级人民法院关于适用劳动合同法若干问题的意见》

十一、用人单位要求劳动者承担合同责任的处理

劳动合同的履行应当首要遵循依法、诚实信用的原则。劳动合同的当事

人之间除了规章制度的约束之外，实际上也存在很多约定的义务和依据诚实信用原则而应承担的合同义务。如《劳动法》第三条第二款关于"劳动者应当遵守劳动纪律和职业道德"等规定，就是类似义务的法律基础。因此，在规章制度无效的情况下，劳动者违反必须遵守的合同义务，用人单位可以要求其承担责任。劳动者以用人单位规章制度没有规定为由提出抗辩的，不予支持。但在规范此类行为时，应当仅对影响劳动关系的重大情况进行审核，以免过多干涉用人单位的自主管理权。

参考答案：

1. 公司认为朱先生索要好处的证据充分，因为朱先生以书面形式承认了此行为。

2. 公司可以对朱先生做出解除合同的处理。劳动合同法明确劳动者严重违反单位规章制度的可以解除，但是单位的规章制度不可能包罗万象，罗列所有情形，为此上海地方高院做出了司法解释，劳动合同在履行过程中除了规章制度的约束，也有很多约定的义务和依据诚实信用原则而承担的义务。在规章制度无效的情况下，劳动者违反必须遵守的合同义务，用人单位可以要求其承担责任。劳动者以用人单位规章制度没有规定为由提出抗辩的，不予支持。本案中朱先生多次向客户索要好处，证据充分，其行为已经严重违反劳动合同的履行义务，故单位可以解除。

案例 6-5　劳动争议诉讼制度

背景资料：

张某于 2006 年毕业后分配到某电器公司从事科研工作，张某与公司签订了为期 3 年的劳动合同，合同期自 2006 年 7 月起至 2009 年 7 月止。2008 年该公司出资派其到国外学习，培训费用为 129675.5 元，双方签订培训协议约定公司出资培训过的技术人员在学成回国后，为共计继续服务年限不得少于 3 年。2009 年 5 月回国后，张某提出辞职申请，未被公司批准。2009 年 8 月后，张某离开电器公司到 A 公司任职，从事技术服务工作。张某离开电器公司后，其所负责的 YPC200F6 产品生产量、产值、销售利润与往年同期相比，分别下降 18 台、45 万元、13.5 万元。2010 年 11 月，该公司以张某违反劳动合同，到当地有关部门申请仲裁，要求张某及另一公司共同赔偿本公司所遭受的直接经济损失、培训费、技术引进费、科研投入费等共330万元。

分析要求：

1. 该争议是否属于劳动争议？为什么？

2. 劳动争议何时发生？为什么？

3. 用人单位是否有胜诉权？为什么？

解题要点：

本题主要考核劳动争议的时效及超过时效的后果。

法律链接：

《最高人民法院关于审理劳动争议案件适用法律若干问题的解释（一）》

第三条　劳动争议仲裁委员会根据《劳动法》第八十二条之规定，以当事人的仲裁申请超过六十日期限为由，作出不予受理的书面裁决、决定或者通知，当事人不服，依法向人民法院起诉的，人民法院应当受理；对确已超过仲裁申请期限，又无不可抗力或者其他正当理由的，依法驳回其诉讼请求。

《劳动争议调解仲裁法》

第二十七条　劳动争议申请仲裁的时效期间为一年。仲裁时效期间从当事人知道或者应当知道其权利被侵害之日起计算。

前款规定的仲裁时效，因当事人一方向对方当事人主张权利，或者向有关部门请求权利救济，或者对方当事人同意履行义务而中断。从中断时起，仲裁时效期间重新计算。

因不可抗力或者有其他正当理由，当事人不能在本条第一款规定的仲裁时效期间申请仲裁的，仲裁时效中止。从中止时效的原因消除之日起，仲裁时效期间继续计算。

参考答案：

1. 该争议属于劳动争议范围，依据劳动争议调解仲裁法第二条的规定因工作时间、休息休假、社会保险、福利、培训以及劳动保护发生的争议属于劳动争议，本案是有关培训的争议，属于争议范围。

2. 劳动争议发生的时间是2009年8月，此时劳动者离开公司，公司知道权利受侵害。根据《劳动争议仲裁调解法》第二十七条规定，仲裁时效从当事人知道或者应当知道其权利受侵害之日起计算。

3. 用人单位无胜诉权。根据高院的司法解释（一）的规定，因超过时效仲裁不再受理，此时劳动者不服向法院起诉的，法院对已经超过申请时效又无不可抗力或者其他正当理由的，驳回诉讼请求。本案仲裁时超过一年，单位失去胜诉权。

案例 6-6　劳动争议案件的举证责任

背景资料：

某公司因生产经营调整要搬到临近区县去，为此公司提供了班车，保证员工上下班通勤。员工孙某等不愿去，想要和公司解除劳动合同。这时孙某提出其在职期间有 40 个小时加班时间，要求支付加班费，公司未予以支付。于是孙某向仲裁提出申请，要求公司支付加班费。但又拿不出自己加班的证据。便要公司提供出勤记录，但根据考勤记录，孙某并没有加班。

分析要求：

1. 对于加班的事实，应当由谁来举证？

2. 孙某要求公司提供考勤记录是否合法？

3. 孙某的请求能否得到支持？

解题要点：

本题主要考核举证责任的分配。

法律链接：

《劳动争议调解仲裁法》

第六条　发生劳动争议，当事人对自己提出的主张，有责任提供证据。与争议事项有关的证据属于用人单位掌握管理的，用人单位应当提供；用人单位不提供的，应当承担不利后果。

《最高人民法院关于审理劳动争议案件适用法律若干问题的解释（三）》

第九条　劳动者主张加班费的，应当就加班事实的存在承担举证责任。但劳动者有证据证明用人单位掌握加班事实存在的证据，用人单位不提供的，由用人单位承担不利后果。

参考答案：

1. 根据最高院司法解释（三）的规定。劳动者主张加班费的，应当就加班事实的存在承担举证责任

2. 孙某要求公司提供考勤记录合法，根据劳动争议调解仲裁法及高院司法解释，与争议事项有关的证据属于用人单位管理的，用人单位应当提供，不提供承担不利后果。考勤记录属于单位保管的证据，应当由单位提供。

3. 孙某的请求不能得到支持。因为孙某本人不能举证加班事实的存在，公司的考勤记录里又没有加班记录，无法证明加班，所以不能得到支持。

案例 6-7　集体合同争议处理

背景资料：

某企业因生产经营发生严重困难，就与工会协商：全体员工降低工资待遇，待渡过经营危机后即恢复原工资待遇，工会为此召开职工代表大会进行讨论，经充分协商后，工会与企业签订了一份全体职工在六个月内临时降低工资20%的集体协议。

集体协议实施后，劳动者王某等二十余人不服，认为工会与企业签订的不是劳动合同，企业低于劳动合同的约定支付工资未与本人协商，要求企业按照劳动合同的约定支付工资待遇，企业以执行集体合同协议为由不予同意。王某等人要求工会作为他们的代表，向仲裁委员会申请仲裁，工会也未予同意，于是，王某聘请了律师直接向仲裁委员会申请仲裁，其余二十人也要求一起参加仲裁活动。

分析要求：

1. 王某等二十余人可以要求工会作为他们的代表向劳动争议仲裁委员会申请仲裁吗？为什么？

2. 对劳动者提出的要求工会作为他们的代表申请劳动仲裁，工会可以拒绝吗？理由是什么？

3. 其余二十余人可以一起参加仲裁吗？为什么？

解题要点：

本题考核集体合同的争议主体双方。

法律链接：

《上海市劳动合同条例》

第三十六条 企业违反集体合同，侵犯职工劳动权益的，工会可以依法要求企业承担责任；因履行集体合同发生争议，经协商解决不成的，工会可以依法申请仲裁、提起诉讼。

《劳动争议办案规则》

第五条 因履行集体合同发生的劳动争议，经协商解决不成的，工会可以依法申请仲裁；尚未建立工会的，由上级工会指导劳动者推举产生的代表依法申请仲裁。

第二十五条 集体合同期限一般为一至三年，工资专项集体合同期限一般为一年。

集体合同约定的劳动条件、劳动报酬等标准不得低于国家和市人民政府规定的最低标准。

企业与职工个人签订的劳动合同约定的劳动条件和劳动报酬等标准，或者企业规章制度规定的劳动条件和劳动报酬等标准，不得低于集体合同的规定。

参考答案：

1. 可以，按照相关规定，因履行集体合同发生争议，工会可以依法申请仲裁。尚未建立工会的由上级工会指导推荐代表申请。案例中单位有工会，可以向工会申请。

2. 工会可以拒绝，因为此项集体合同是经过了法定程序，交由职代会讨论，充分协商后签订的集体合同。个人的劳动合同中约定的劳动条件和劳动报酬不低于集体合同是合法的。

3. 因履行集体合同发生争议的，应当由工会向仲裁委员会提起仲裁，员工不能以本人的名义提起仲裁。

如果王某以履行个人劳动合同发生争议而提起仲裁的，仲裁可以受理。其余二十人因有共同诉求，且人数超过10人，可以申请集体仲裁，集体仲裁可推荐3~5名代表参加仲裁。

案例6-8 劳动关系解除争议处理

背景资料：

2002年5月，宋某等24人到某外资公司工作，2009年5月，与公司续订无固定期限劳动合同。2013年3月，该公司以企业经营严重困难为由开始部署经济性裁员工作，并严格按照法律程序、条件进行，于2013年4月一次性裁员50人，其中包括宋某等24人，但2013年6月，公司与某劳务派遣公司签订了劳务用工派遣协议，某劳务派遣公司于2013年7月开始向该公司派遣劳务用工。宋某等24人认为，公司裁员是经营状况良好，不具备裁员的条件，行为严重违法。

宋某等24人于2013年7月向劳动人事争议仲裁委员会提出仲裁申请。请求：

1. 确认公司非法解除宋某等24名员工劳动关系，裁决支付宋某等24名职工从违法解除劳动关系之时至申请仲裁时的工资并补缴各项社保费。

2. 裁决支付宋某等24名员工违法解除劳动合同经济赔偿金。

3. 要求重新回单位上班。

分析要求：

1. 公司解除宋某等24人劳动关系是否合法？理由是什么？

2. 宋某等24人是否可以要求重新回单位上班？理由是什么？

3. 请结合案情和当事人的诉求，根据有关法律法规规章及政策，提出处理意见并说明理由。

解题要点：

本题主要考核经济性裁员的法律规定。

法律链接：

《劳动合同法》

第四十一条 有下列情形之一，需要裁减人员二十人以上或者裁减不足二十人但占企业职工总数百分之十以上的，用人单位提前三十日向工会或者全体职工说明情况，听取工会或者职工的意见后，裁减人员方案经向劳动行政部门报告，可以裁减人员：

（一）依照企业破产法规定进行重整的；

（二）生产经营发生严重困难的；

（三）企业转产、重大技术革新或者经营方式调整，经变更劳动合同后，仍需裁减人员的；

（四）其他因劳动合同订立时所依据的客观经济情况发生重大变化，致使劳动合同无法履行的。

裁减人员时，应当优先留用下列人员：

（一）与本单位订立较长期限的固定期限劳动合同的；

（二）与本单位订立无固定期限劳动合同的；

（三）家庭无其他就业人员，有需要扶养的老人或者未成年人的。

用人单位依照本条第一款规定裁减人员，在六个月内重新招用人员的，应当通知被裁减的人员，并在同等条件下优先招用被裁减的人员。

第四十八条　用人单位违反本法规定解除或者终止劳动合同，劳动者要求继续履行劳动合同的，用人单位应当继续履行；劳动者不要求继续履行劳动合同或者劳动合同已经不能继续履行的，用人单位应当依照本法第八十七条规定支付赔偿金。

《上海市企业工资支付办法》

第二十三条　企业解除劳动者的劳动合同，引起劳动争议，劳动人事争议仲裁部门或人民法院裁决撤消企业原决定，并且双方恢复劳动关系的，企业应当支付劳动者在调解、仲裁、诉讼期间的工资。其标准为企业解除劳动合同前 12 个月劳动者本人的月平均工资乘以停发月数。双方都有责任的，根据责任大小各自承担相应的责任。

参考答案：

1. 公司解除宋某等 24 人劳动合同不合法。根据劳动合同法规定，企业裁员时应当优先留用签订较长期限或无固定期限劳动合同的人员，宋某等 24 人已经与公司签订了无固定期限劳动合同，所以应当优先留用。

2. 宋某等人可以要求重新回单位工作。根据劳动合同法规定用人单位违法解除劳动合同，劳动者可以要求恢复劳动关系。

3. 宋某等人第一项仲裁请求部分合理，部分不合理。公司裁员未遵循劳动合同法规定优先留用长期合同人员，构成违法解除。但认定违法解除后，公司承担的是劳动者在调解、仲裁、诉讼期间的工资，而不是解除后到仲裁期间的工资，社保缴费则没有规定。第二项请求与第一项、第三项请求冲突。根据劳动合同法及上海工资支付办法的规定，企业违法解除，劳动者不要求恢复劳动关系可以要求支付赔偿金，但此时不再支付调解、仲裁、诉讼期间的工资。第三项请求合法。企业违法解除劳动合同，可以要求恢复劳动关系，继续上班。

人机对话复习试题

第一单元 《劳动关系协调基础知识》

一、判断题（将判断结果填入括号中。正确的填"√"，错误的填"×"）

1. 劳动关系是劳动力的所有者（劳动者）与劳动力的使用者（用人单位）之间在使用劳动力的过程中的社会关系，受劳动法调整而形成劳动权利义务关系。 （√）

2. 劳动关系是用人单位与劳动者在实现劳动过程中形成的自然关系。 （×）

解析： 劳动关系是社会关系而非自然关系。

3. 劳动者在用人单位具有从属性的状态下从事劳动是劳动关系的基本特征之一。 （√）

4. 劳动关系当事人双方符合法律规定的主体资格条件是劳动关系的基本特征之一。 （√）

5. 劳动者从事的属于职业性的无偿劳动是劳动关系的基本特征之一。 （×）

解析： 劳动关系的基本特征之一是有偿性。

6. 按现行规定，中国企业需要招用外国人的，无须经政府许可，可直接招用。 （×）

解析： 根据人社部《外国人在中国就业规定》，外国人在中国就业必须申请就业许可并取得就业证。

7. 全日制劳动关系一般可以称为标准劳动关系，为最为普遍的劳动关系形式。 （√）

8. 全日制劳动关系一般可以称为特殊劳动关系，为最为普遍的劳动关系形式。 （×）

解析： 全日制劳动关系是标准劳动关系。

9. 全日制劳动关系适用劳动法律的基本规定，包括劳动标准、社会保险、劳动合同等规定。　　　　　　　　　　　　　　　　　　（×）

解析： 全日制劳动关系适用劳动法律全部规定。

10. 全日制劳动关系当事人之间的相关劳动权利义务一般按月履行。

（×）

解析： 全日制劳动关系当事人之间的相关劳动权利义务在整个劳动关系存续期间都要履行。

11. 非全日制劳动者的社会保险费由使用单位与劳动者及时结算，不与工资一并支付；劳动者的各项社会保险待遇均依法予以保障。　　（×）

解析： 非全日制用工根据上海地方规定，其收入应当包含工资和社会保险的费用。《上海市劳动和社会保障局、上海市医疗保险局关于本市非全日制就业的若干问题的通知》第三条规定，"非全日制劳动者的劳动报酬包括非全日制劳动者的工资收入和应当缴纳的社会保险费等，由用人单位和劳动者协商确定，但每小时不得低于小时最低工资标准。用人单位以非全日制劳动者的工资收入为基数，按照本市统一规定的比例支付社会保险费。"

12. 我国劳动法的劳动标准包括：工作时间、最低工资标准、最低就业年龄、法定经济补偿标准、劳动保护。　　　　　　　　　　　　（√）

13. 劳动保护包括安全生产、女工保护、未成年人保护等。　　（√）

14. 我国劳动法规定了四项强制性的基本社保：养老保险、医疗保险、失业保险、工伤保险。　　　　　　　　　　　　　　　　　　（×）

解析： 社保有五大保险，养老、医疗、失业、工伤、生育。

15. 国家和地方有关基本社会保险的规定直接调整劳动关系当事人的权利义务关系。　　　　　　　　　　　　　　　　　　　　　　　（×）

解析： 国家和地方基本劳动法律法规的规定直接调整劳动关系当事人。

16. 在劳动关系中，运用法律和经济手段调节劳动力市场的劳动关系主体是工会等员工团。　　　　　　　　　　　　　　　　　　　　（×）

解析： 用法律和经济手段调节劳动关系的是政府。

17. 在劳动关系活动中，运用法律和司法手段调节劳动力市场的劳动关

系主体是政府。 （√）

18. 集体合同由工会和个人签订。 （×）

解析：集体合同由工会和企业签订。

19. 集体合同由工会和企业签订。 （√）

20. 劳动合同由劳动者个人与企业签订。 （√）

21. 劳动合同由工会和个人签订。 （×）

解析：劳动合同由企业和个人签订。

22. 集体合同适用于企业中的所有人员。 （√）

23. 劳动合同适用于劳动者个人与企业。 （√）

24. 劳动合同中的劳动标准低于集体合同约定的，依集体合同执行。

（√）

25. 集体合同由企业和工会通过集体协商签订后即可生效。 （×）

解析：集体合同除了工会和企业协商一致外，需要报送劳动部门，劳动部门收到后十五天无异议，生效。

26. 劳动合同经劳动关系双方当事人协商签订或约定条件后须经劳动行政机关批准生效。 （×）

解析：劳动合同双方当事人签订即可生效。

27. 集体合同由企业和工会通过集体协商签订后须经劳动行政机关批准生效。 （√）

28. 劳动合同经劳动关系双方当事人协商签订或约定条件成立即生效。

（√）

29. 劳动保障行政部门对违反劳动保障法律、法规或者规章的行为的调查，应当自立案之日起 60 个工作日内完成：对情况复杂的，经劳动保障行政部门负责人批准，可以延长 30 个工作日。 （√）

30. 信访不属于我国《劳动争议调解仲裁法》规定的劳动争议处理方式。

（√）

31. 劳动争议仲裁的对象为双方当事人、第三人，以及其他仲裁参加人。生效的仲裁文书对相关当事人具有法律约束力。劳动监察的对象主要为用人单位及劳动者。 （×）

解析：劳动监察不针对劳动者。

32. 综合工时制度是适用于从事特别艰苦、繁重、有毒有害、过度紧张的劳动者以及在哺乳期的女工。 （×）

解析：综合计算工时制度适用的岗位按劳部发〔1994〕503号文件规定，可以实行综合计算工时工作制的职工也有三种：

（一）交通、铁路、邮电、水运、航空、渔业等行业中因工作性质特殊，需连续作业的职工；

（二）地质及资源勘探、建筑、制盐、旅游等受季节和自然条件限制的行业的部分职工；

（三）其他适合实行综合计算工时工作制的职工。

33. 实行综合计算工时制度的企业报劳动行政部门批准后实施。 （√）

34. 医疗期制度属于我国的休假制度之一。 （×）

解析：医疗期制度属于我国的福利制度。

35. 经企业批准的事假、病假应当视为劳动者提供了正常劳动。 （×）

解析：病假事假按照病假事假的相关规定，并不能按照正常劳动计算。

36. 按照《劳动法》规定：用人单位应当保证劳动者每周至少休息二天。 （×）

解析：劳动法生效于1995年，当时每周工作44小时，所以只保证劳动者每周休息一天。

37. 职工累计工作已满10年的，年休假10天。 （√）

38. 机关、团体、企业、事业单位、民办非企业单位、有雇工的个体工商户等单位的职工连续工作2年以上的，享受带薪年休假。 （×）

解析：年休假的休假前提是连续工作一年。

39. 凡在国有企业、事业、机关、团体工作满2年的原固定职工和劳动合同制的工人，与配偶不在一起，又不能在公休假日团聚的，可以享受探望配偶的待遇。 （×）

解析：探亲假规定固定职工和劳动合同制工人，工作满一年可以享受该假。

40. 延长工时，是指用人单位在劳动者完成劳动定额或规定的工作任务

后，根据生产或工作需要安排劳动者在法定工作时间以外工作。 （√）

41. 所谓"工资"是指：用人单位根据劳动合同的预先规定，以法定的方式，直接支付给本单位劳动者的劳动报酬。 （√）

解析：教材书上第 29 页倒数第三行。

42. 上海市最低工资标准应由政府、工会共同协商制定。 （×）

解析：最低工资由政府制定，不需和工会协商。

43. 《中华人民共和国劳动法》规定："新建、改建、扩建工程的劳动安全卫生设施必须与主体工程同时设计、其施工、投入生产和使用须在主体工程完工以后。" （×）

解析：劳动法规定新建、改建、扩建工程的劳动安全卫生设施必须与主体工程同时设计、同时施工、同时投入生产和使用。

44. 用人单位未按照合同约定提供劳动保护或劳动条件的，劳动合同仍需履行，劳动者不可以单方面解除劳动合同。 （×）

解析：《劳动合同法》第三十八条第一项规定此种情况劳动者可以解除劳动合同。

45. 劳动防护用品按照防护部位分为七类：①安全帽类；②呼吸具类；③眼防护具类；④听力护具类；⑤防护鞋类；⑥防护手套类；⑦防护服类。 （×）

解析：分为九类：另外有防坠落护具和护肤用品。

46. 解决从事有害健康作业工种的特殊营养需要，增强职工抵抗职业性中毒的能力，由企业免费提供的食品或购买食品的款项属于工人的福利。 （×）

解析：此种情况属于劳动保护。

47. 用人单位对于从事有职业危害的劳动者定期进行健康检查，是防治职业病的重要内容。 （√）

48. 劳动安全卫生教育有三级教育、特殊工种专门教育、上级领导巡查教育、经常性教育、负责人教育。 （×）

解析：劳动安全卫生教育不含上级领导巡查教育。

49. 根据人身伤害程度，可分为轻伤事故、重伤事故、死亡事故、重大

死亡事故。　　　　　　　　　　　　　　　　　　　（×）

　　按照教材事故分为一般事故、较大事故、重大事故。

　　50. 企业职工伤亡事故统计报表将事故类别分为九类99种。　（×）

　　解析：1993年公布的事故类别分类包括：①物体打击；②车辆伤害；③机械伤害；④起重伤害；⑤触电；⑥淹溺；⑦灼烫；⑧火灾；⑨高处坠落；⑩坍塌；⑪冒顶片帮；⑫透水；⑬放炮；⑭火药爆炸；⑮瓦斯煤尘爆炸；⑯煤与瓦斯突出；⑰其他爆炸；⑱中毒和窒息；⑲其他伤害。

　　51. 职业病是指劳动者在生产劳动及其职业活动中，接触职业性有害因素引起的疾病。我国目前认定的职业病为九类99种。　　　　（×）

　　解析：职业病目前有十大类132种。

　　52. 事故调查组提出的事故处理意见和防范措施建议，由发生事故的企业及其主管部门负责处理。　　　　　　　　　　　　　（√）

　　53. 处理伤亡事故时，企业及其主管部门负责处理的内容包括：①执行对事故有关责任人员的行政处分；②组织防范措施的实施。　（×）

　　解析：除上述两个外，还应做好善后处理工作。

　　54. 最初接诊急性职业病和急性职业中毒的医疗卫生机构，应在24小时之内报告当地卫生监督机构和患者所在单位。　　　　　　（√）

　　55. 在处理职工职业病时，对因工作需要暂不能调离生产、工作的技术骨干，调离期限最长不得超过3个月。　　　　　　　　（×）

　　解析：调离期限最长不超过半年。

　　56. 根据女职工生理机能变化特点，劳动法只针对女职工产期、哺乳期的工作和休息规定了一系列特殊保护办法。　　　　　　（×）

　　解析：女职工经期也享受特别保护规定。

　　57. 女职工哺乳期的工资按本人原工资的60%发放。　　　（×）

　　解析：哺乳期按照规定工资打八折。

　　58. 女职工生育享受不少于60天的产假。　　　　　　　（×）

　　解析：根据国务院《女职工保护特别规定》，女职工生育产假98天。

　　二、单项选择题（选择一个正确的答案，将相应的字母填入题内的括号中）

　　1. 非全日制劳动关系是指劳动者与用人单位约定的以（B）作为工作时

间单位确立劳动关系的形式。

A. 分钟

B. 小时

C. 日

D. 双方协商的时间单位

解析： 非全日制即是小时工。

2. 劳动者可以在法定最高工时之内在多个用人单位就业，形成多个非全日制的劳动关系，但在每个用人单位的每日、每周、每月工作时间表，应当分别在法定工作时间的百分之（C）以下。

A. 二十

B. 四十

C. 五十

D. 六十

解析： 非全日制用工每天不超过 4 小时，全日制每天不超过 8 小时，正好为 50%。

3. 劳动保护不包括（D）。

A. 安全生产

B. 女工保护

C. 未成年人保护

D. 薪酬保护

解析： 薪酬不属于劳动保护范围。

4. 在劳动关系活动中，运用法律和经济手段调节劳动力市场的劳动关系主体是（C）。

A. 企业

B. 员工

C. 政府

D. 雇主协会

解析： 只有政府有权制定法律法规。

5. （D）不属于区别集体合同和劳动合同的范围。

A. 合同作用

B. 合同主体

C. 合同效力

D. 受合同法拘束

解析：集体合同和劳动合同的区别在于合同主体不同，合同作用不同，合同效力不同。

6. 劳动合同由（A）。

A. 劳动者个人与企业签订

B. 劳动者个人与工会签订

C. 工会和工会签订

D. 工会和企业签订

解析：劳动合同的主体双方是企业和劳动者。

7. 集体合同适用于企业中的（A）。

A. 所有人员

B. 管理层

C. 基层员工

D. 工会

解析：集体合同对本企业全体员工有效。

8. 劳动保障行政部门对违反劳动保障法律，法规或者规章的行为的调查，应当自立案之日起（D）个工作日内完成；对情况复杂的，经劳动保障行政部门负责人批准，可以延长30个工作日。

A. 15

B. 30

C. 45

D. 60

解析：按照劳动监察条例的规定，劳动监察的处理时间为60天。

9. 实行每周40小时工时制的，每月计薪日为（A）天。

A. 21.75

B. 21.95

C. 20.75

D. 20.15

10. 非全日制劳动者在同一用人单位一般平均每日工作时间不超过 4 小时，每周工作时间累计不超过（C）。

A. 10 小时

B. 20 小时

C. 24 小时

D. 32 小时

解析：根据劳动合同法规定，非全日制用工每周不超过 24 小时。

11. 以下不是我国休假制度的是（D）。

A. 公休假日制度

B. 法定节假日制度

C. 年休假制度

D. 调休

解析：调休是企业内部规定。

12. 根据《劳动法》规定，法定节假日安排劳动者工作的，支付不低于工资的（D）的工资报酬。

A. 150%

B. 180%

C. 200%

D. 300%

13. 延长工时，是指用人单位在劳动者完成劳动定额或规定的工作任务后，（A）安排劳动者在法定工作时间以外工作。

A. 根据生产或工作需要

B. 根据劳动者需要

C. 根据国家规定

D. 根据工作计划

解析：根据《劳动法》第 41 条的相关规定。

14. 劳动者因本人原因给单造成经济损失，用人单位依法要其赔偿，并需从工资中扣除赔偿费的，扣除的部分不得超过劳动者当月工资收入的（A），且扣除后的剩余工资不得低于本市规定的最低工资标准。

A. 20%

B. 30%

C. 40%

D. 50%

解析：原劳动部工资支付暂行规定中的规定，上海市企业工资支付办法里也有相同的表述。

15. 计算加班费时，日工资为月工资收入除以（B）。

A. 20.15 天

B. 21.75 天

C. 21.83 天

D. 30 天

解析：法定计薪日为 21.75 天。

16. 在保障劳动者身体健康的条件下，加班工作时间每月不得超过（C）小时。

A. 15

B. 20

C. 36

D. 46

解析：劳动法的规定。

17. 劳动防护用品按照防护部位分为（A）。

A. 9 类

B. 8 类

C. 7 类

D. 6 类

18. 下列哪个不是劳动安全卫生教育（C）。

A. 三级教育

B. 特殊工种的专门教育

C. 上级领导的巡查教育

D. 负责人员教育

三、多项选择题（选择两个或两个以上正确的答案，将相应的字母填入题内的括号中）

1. 全日制劳动关系适用劳动法律的规定有（ABCD）。

A. 劳动标准

B. 社会保险

C. 劳动合同

D. 集体合同

E. 薪酬

2. 以下（ABCDE）属于我国劳动法的劳动标准。

A. 工作时间

B. 最低工资标准

C. 最低就业年龄

D. 法定经济补偿标准

E. 劳动保护

3. 我国劳动法规定的基本社会保险有（ABCDE）。

A. 养老保险

B. 医疗保险

C. 失业保险

D. 生育保险

E. 工伤保险

4. 根据我国的国情，有效地协调雇主和雇员冲突的途径包括（ABCD）。

A. 政府建立有效的法律机制

B. 发挥工会的积极作用

C. 建立有效的企业内部机制

D. 如有劳动冲突，应仲裁解决

E. 雇员在合同商定时就应尽量争取高待遇

5. 劳动监察的特征为（ABC）。

A. 实施主体的特定性

B. 内容的法定性

C. 程序的规范性

D. 行政性

E. 平等性

6. 以下哪些属于我国《劳动争议调解仲裁法》规定的劳动争议处理方式：（ABC）。

A. 调解

B. 仲裁

C. 诉讼

D. 信访

E. 监察

解析：信访不在劳动争议范围内，监察和劳动仲裁是不同的途径。

7. 我国的特殊工时制包括（ABC）。

A. 缩短工时制

B. 不定时工时制

C. 综合计算工时制

D. 临时工时制

E. 标准工时制

8. （ABE）情况是为劳动者提供了正常劳动。

A. 带薪年休假

B. 探亲假

C. 事假

D. 病假

E. 工作时间内依法参加社会活动期间

解析：病假和事假不算正常出勤。

9. 职工有下列情况之一的，不享受当年的年休假（ABCDE）。

A. 职工依法享受寒暑假，其休假天数多于年休假天数的

B. 职工请事假累计20天以上且单位按照规定不扣工资的

C. 累计工作满 1 年不满 10 年的职工，请病假累计 2 个月以上的

D. 累计工作满 10 年不满 20 年的职工，请病假累计 3 个月以上的

E. 累计工作满 20 年以上的职工，请病假累计 4 个月以上的

解析：根据企业职工带薪年休假条例规定。

10. 我国限制延长工时制度包括以下（ABE）的限制。

A. 程序限制

B. 时数限制

C. 每月次数限制

D. 劳动强度限制

E. 加班报酬限制

解析：劳动法规定加班要协商是程序限制，加班一个月不超过 36 小时是时间限制，加班必须按照 150%、200%、300% 支付加班费，是报酬限制。另外还有主体限制，对怀孕七个月以上的孕妇，不安排加班及夜班劳动。

11. 以下（ABCDE）属于劳动防护用品。

A. 安全帽类

B. 呼吸具类

C. 眼防护具类

D. 听力护具类

E. 防护鞋类

解析：劳动保护用品分九类，包括安全帽类、呼吸具类、眼防护类、听力护具类、防护鞋、防护手套、防护服装、防坠落护具和护肤用品。

第二单元
《人力资源和劳动合同管理》

一、判断题（将判断结果填入括号中。正确的填"√"，错误的填"×"）

1. 人力资源分广义和狭义的解释。 （√）

2. 容易造成"近亲繁殖"是外部招募的局限之一。 （×）

解析： 近亲繁殖是内部招聘的缺点。

3. 培训效果测定方案可以有简单测定、前后测定、多重测定、对照测定。 （√）

4. 培训效果测定有4个层次：反应层次、学习层次、行为层次、结果层次。 （√）

5. 绩效管理实际就是绩效评估。 （×）

解析： 绩效管理不是绩效评估，评估只是其中一个环节。

6. 绩效管理的根本目的是为人力资源管理决策提供依据。 （×）

解析： 绩效管理的目的是提高企业生产效率和促进员工发展。

7. 准备阶段的核心任务是确定绩效评估指标。 （√）

8. 绩效评估的方法分为对行为评估和对结果评估两大类。 （×）

解析： 分为三类：行为、结果和态度。

9. 绩效评估的方法分成工作态度和工作能力评估两大类。 （×）

10. 福利的形式有多种，主要包括全员性福利、特殊福利、医疗补助。 （×）

解析： 医疗补助不属于全员性福利。

11. 福利管理是指对福利项目的设计、实施、调整的过程。 （×）

解析： 福利管理是指对福利项目的设计、实施、监控的过程。

12. 福利管理遵循的主要原则有合理性原则、必要性原则、计划性原则、充分性原则。 （×）

解析：福利管理遵循的主要原则有合理性原则、必要性原则、计划性原则、协调性原则。

13. 劳动关系的发展经历四个历史阶段，第一阶段为早期工业化时代。 （√）

14. 订立劳动合同，应当遵循合法、公平、平等自愿、协商一致、诚实信用的原则。 （√）

15. 用人单位应当在用工之日起15天内与劳动者订立书面劳动合同。 （×）

解析：劳动合同法规定签订合同应在30天内。

16. 劳动合同的法定形式是书面合同，但是，非全日制用工双方当事人可以订立口头协议。 （√）

17. 劳动合同当事人建立劳动关系后劳动合同才成立。 （×）

解析：劳动合同签订即成立，只是在未正式用工前是民事合同关系。

18. 劳动合同的期限分为固定期限劳动合同和无固定期限劳动合同两种。 （×）

解析：劳动合同分为三种：固定、无固定、已完成一定任务为期限。

19. 固定期限劳动合同，必须对劳动合同履行的终止日期有具体明确的规定。 （√）

20. 用人单位自用工之日起满半年不与劳动者订立书面劳动合同的，视为双方已订立了无固定期限劳动合同。 （×）

解析：劳动合同法规定用工之日起一年不与劳动者订立书面劳动合同视同签订无固定。

21. 二年期的劳动合同可以设立一个月的试用期。 （√）

22. 同一用人单位与同一劳动者只能约定一次试用期。 （√）

23. 用人单位和劳动者必须约定试用期。 （×）

解析：试用期是约定条款，不是必备条款。

24. 劳动合同仅约定试用期的，该试用期的约定不成立。 （√）

25. 试用期包含在劳动合同期限内。 （√）

26. 合同内可以无约定条款。 （√）

27. 劳动合同的内容，是指劳动合同应当具备的条款。 （×）

解析： 劳动合同包括必备条款、约定的条款及其他双方约定内容。

28. 劳动合同的生效不能与劳动合同的有效、无效相混淆。 （√）

解析： 当事人双方就劳动合同内容协商一致，且不违反法律法规的强制规定，劳动合同即告有效。而劳动合同生效是指劳动合同具有法律效力的起始时间。根据《劳动部关于实行劳动合同制度若干问题的通知》第五条规定："劳动合同可以规定合同的生效时间。"由此可见两者并不等同。

29. 劳动合同的生效即劳动合同有效。 （×）

解析： 生效和有效是两个不同的概念。

30. 劳动合同被确认无效后，用人单位不必支付劳动者工资。 （×）

解析： 劳动合同法明确即使劳动合同无效，劳动者提供了劳动同样要支付工资。

31. 用人单位招用劳动者，不得扣押劳动者的居民身份证和其他证件，不得要求劳动者提供担保或者以其他名义向劳动者收取财物。 （√）

32. 用人单位无权了解劳动者与劳动合同直接相关的基本情况。 （×）

解析： 劳动合同法明确单位在招用劳动者时有权了解劳动者与履行劳动合同直接相关的基本情况。

33. 劳动合同的履行，是劳动合同订立后、解除或终止合同前，双方当事人按照法律规定和合同约定的内容履行各自义务、实现各自权利的行为。
 （√）

34. 用人单位应当按照劳动合同约定和国家规定，向劳动者及时足额支付劳动报酬。 （√）

35. 在合同履行过程中，由于种种原因，需要对原劳动合同的内容作部分的修改、补充和废除，即变更劳动合同。 （√）

36. 一般情况下，变更劳动合同需要当事人协商一致，如果没有合法的理由或者事先的约定，单方面任意变更劳动合同就是一种违约行为，应承担相应的法律责任。 （√）

37. 在某些特定情况下，用人单位可以单方面合理调整劳动者工作岗位。
（√）

38. 劳动合同订立时所依据的客观情况发生重大变化，致使原劳动合同无法履行的，用人单位可以解除劳动合同。 （×）

解析：根据《劳动合同法》，客观情况发生重大变化，原合同无法履行，应与劳动者协商变更，协商不一致的，才可以解除劳动合同。

39. 《劳动合同法》规定劳动者严重违反劳动纪律的，用人单位可以解除劳动合同。 （×）

解析：《劳动合同法》规定，严重违法单位规章制度可以解除。

40. 《劳动合同法》规定劳动者严重违反用人单位的规章制度的，用人单位可以解除劳动合同。 （√）

41. 用人单位可以随时无理由解除劳动合同。 （×）

解析：解除劳动合同需要法定理由。

42. 用人单位裁员后，在一年内重新招用人员的，应当通知被裁减的人员，并在同等条件下优先招用被裁减的人员。 （×）

解析：半年内重新招用人员。应当通知被裁减人员。

43. 用人单位裁员时，应当优先留用女职工。 （×）

解析：应当留用签订较长期限固定期限合同和无固定合同人员以及家庭零就业人员。

44. 用人单位提前三十日向工会或者全体职工说明情况，听取工会或者职工的意见后，裁减人员方案经向劳动行政部门报告，才可以裁减人员。
（√）

45. 用人单位的规章制度违反法律、法规的规定，损害劳动者权益的，劳动者可以解除劳动合同。 （√）

46. 劳动者在试用期内提前三日通知用人单位，可以解除劳动合同。
（√）

47. 试用期内，用人单位可以对劳动者的技能、素质等进行实地考察、劳动者也可对用人单位的管理方式、工作条件等进行实地感受。 （√）

48. 劳动合同终止与劳动合同解除一样是劳动关系的终结，所不同的是

劳动合同终止不是出于一方的意愿而是因双方事前的约定。 （√）

解析：劳动合同终止是双方对期限的事先约定，见教材第 79 页倒数第二、三行。

49. 劳动合同期满是劳动合同终止的最主要形式。 （√）

50. 劳动合同期满，双方不再续签而终止劳动合同的，用人单位不必向劳动者说明理由，这一情况表明劳动合同终止是不需要任何理由的。 （√）

51.《劳动合同法》规定，女职工在孕期、产期、哺乳期的，除非劳动者有严重过错，否则单位不得解除劳动合同。 （√）

52. 对于期限非常短的劳动合同，劳动者患病或者非因工负伤，在规定的医疗期内的，劳动合同不能即行终止，而必须将期限顺延至该情形消失之时。 （√）

53. 劳动者患职业病或者因工负伤，被确认为完全丧失劳动能力或大部分丧失劳动能力，除非双方协商一致，用人单位不得终止劳动合同。 （×）

解析：工伤完全丧失劳动能力的劳动者单位不能终止劳动合同，必须顺延到退休，除非有严重违纪的行为可解除。协商一致不在范围内。

54. 劳动合同解除或终止后，劳动者对其负责的事务或归其保管的物品没有移交的，应以其忠诚义务继续办理移交手续。 （√）

55. 经济补偿金只由用人单位单方面承担。 （√）

56. 经济补偿按劳动者在本单位工作的年限，每满一年支付一个月工资的标准向劳动者支付。六个月以上不满一年的，按一年计算；不满六个月的，向劳动者支付半个月工资的经济补偿。 （√）

57. 用人单位违法解除或者终止劳动合同，劳动者要求继续履行劳动合同的，用人单位应当继续履行。 （√）

二、单项选择题（选择一个正确的答案，将相应的字母填入题内的括号中）

1. 劳动关系的发展经历四个历史阶段，（A）为早期工业化时代。

A. 第一阶段

B. 第二阶段

C. 第三阶段

D. 第四阶段

2.（A），《中华人民共和国劳动合同法》施行。

A. 2008 年 1 月 1 日

B. 2008 年 2 月 1 日

C. 1995 年 1 月 1 日

D. 1995 年 2 月 1 日

3. 订立劳动合同应当遵循（D）的原则。

A. 相互谅解

B. 符合用人单位管理需要

C. 维护企业利益

D. 诚实信用

解析：劳动合同签订的原则，合法、公平、平等自愿，协商一致、诚实信用。

4. 已经建立劳动关系，未同时订立书面劳动合同的，应当自用工之日起（B）内订立书面劳动合同。

A. 十五日

B. 一个月

C. 七日

D. 四十五日

5. 用人单位自用工之日起超过（A）个月不满一年未与劳动者订立书面劳动合同的，应当向劳动者每月支付二倍的工资。

A. 一

B. 二

C. 三

D. 四

6. 劳动者与用人单位订立固定期限劳动合同，必须对劳动合同履行的（A）有具体明确的规定。

A. 起始和终止日期

B. 起始日期

C. 终止日期

D. 签约日期

7. 用人单位自用工之日起满（B）不与劳动者订立书面劳动合同的，视为双方已订立了无固定期限劳动合同。

A. 一月

B. 一年

C. 半年

D. 三月

8. 根据《劳动合同法》规定，以下不属于劳动合同的必备条款是（D）。

A. 用人单位的名称、住所和法定代表人或者主要负责人

B. 劳动者的姓名、住址和居民身份证或者其他有效身份证件号码

C. 劳动合同期限

D. 试用期

解析：试用期是约定条款，非必备条款。其他约定条款还包括服务期、竞业限制和保密协议、福利、培训、补充保险等。

9. 下列（A）不是劳动合同的必备条款。

A. 服务期

B. 劳动报酬

C. 合同期限

D. 工作内容

10. 劳动合同的条款分为必备条款和（A）。

A. 约定条款

B. 无效条款

C. 有效条款

D. 选择条款

11. 劳动合同中法律规定的必备条款不全，（A）合同的有效性。

A. 不会影响

B. 会影响

C. 可能会影响

D. 根据情况影响

12. 根据《劳动合同法》规定，用人单位招用劳动者时，（B）不属于法律规定应当如实告知劳动者的内容。

A. 工作内容

B. 休息休假

C. 工作地点

D. 工作条件

解析：《劳动合同法》第八条并没有将休息休假列入单位应当告知的事项。

13. 劳动合同履行过程中应当遵循亲自履行原则和（A）原则。

A. 全面履行

B. 监督履行

C. 部分履行

D. 委托履行

14. 用人单位应当按照劳动合同约定和国家规定，向劳动者（D）支付劳动报酬。

A. 提前

B. 延后足额

C. 延后分期

D. 及时足额

15. 用人单位发生合并或者分立等情况，原劳动合同（A）。

A. 继续有效

B. 终止

C. 中止

D. 由用人单位决定是否有效

16. 用人单位变更名称、法定代表人、主要负责人或者投资人等事项，（B）劳动合同的履行。

A. 可能影响

B. 不影响

C. 一定影响

D. 法律未规定是否影响

17. 劳动者提前（D）日以书面形式通知用人单位，可以解除劳动合同。

A. 十

B. 七

C. 十五

D. 三十

18. 用人单位裁员后，在（A）内重新招用人员的，应当通知被裁减的人员，并在同等条件下优先招用被裁减的人员。

A. 六个月

B. 八个月

C. 二年

D. 一年

19. 用人单位裁员时，应当优先留用（C）。

A. 家庭困难的人员

B. 订立固定期限劳动合同的人员

C. 订立较长期限劳动合同的人员

D. 女职工和年老体弱的职工

20. 用人单位提前（A）向工会或者全体职工说明情况，听取工会或者职工的意见后，裁减人员方案经向劳动行政部门报告，才可以裁减人员。

A. 三十天

B. 四十天

C. 七天

D. 十五天

21. 用人单位可以依据（B）解除劳动合同，不支付经济补偿。

A. 劳动者不能胜任工作

B. 被依法追究刑事责任

C. 企业搬迁

D. 与同事关系不和睦

22. 用人单位（C），劳动者可以立即解除劳动合同，不需事先告知用人单位。

　A. 发生合并或者分立

　B. 未及时足额支付劳动报酬的

　C. 以暴力、威胁或者非法限制人身自由的手段强迫劳动者劳动的

　D. 破产、解散、关闭、撤销的

23. 劳动者可以随时解除劳动合同的法定情形是，用人单位（B）。

　A. 破产、解散、关闭、撤销的

　B. 未及时足额支付劳动报酬的

　C. 改制

　D. 变更名称、法定代表人、主要负责人

24. 劳动者在试用期内只要提前（C）日通知用人单位，不需要任何理由，就可以解除劳动合同。

　A. 七

　B. 三十

　C. 三

　D. 十

25. 劳动者（B），用人单位不得解除劳动合同。

　A. 在试用期间被证明不符合录用条件的

　B. 女职工在孕期、产期、哺乳期的

　C. 严重违反用人单位的规章制度的

　D. 被依法追究刑事责任的

26. 劳动合同终止与劳动合同解除一样是劳动关系的终结，所不同的是（A）。

　A. 劳动合同终止不是出于一方的意愿而是因双方事前的约定

　B. 劳动合同中止不是出于一方的意愿而是双方事前的约定

　C. 劳动合同终止是出于一方的意愿

　D. 劳动合同中止是出于一方的意愿

27. 以下哪个不是致使劳动合同终止的情形（B）。

　A. 劳动合同期满

B. 用人单位法定代表人死亡

C. 劳动者被人民法院宣告失踪

D. 劳动者死亡或者被人民法院宣告死亡

28. 用人单位在制定、修改或者决定有关劳动报酬、工作时间、休息休假、劳动安全卫生、保险福利、职工培训、劳动纪律以及劳动定额管理等直接涉及劳动者切身利益的规章制度或者重大事项时，应当经（D）讨论，与工会或者职工代表平等协商确定。

A. 董事会

B. 监事办

C. 工会

D. 职工代表大会或者全体职工

29. 劳动合同终止后，用人单位应当在（B）日内为劳动者办理档案和社会保险关系转移手续。

A. 三

B. 十五

C. 七

D. 四十五

30. 用人单位对已经解除或者终止的劳动合同的文本，至少保存（B）年备查。

A. 五

B. 二

C. 三

D. 四

31. 经济补偿金只由（A）承担。

A. 用人单位单方面

B. 劳动者单方面

C. 政府

D. 用人单位和劳动者共同

32. 本企业工作年限满14年的劳动者患病超过规定的医疗期，被用人单位解除劳动合同，可获得（B）的经济补偿金。

    A. 12 个月工资

    B. 14 个月工资

    C. 24 个月工资

    D. 7 个月工资

    解析：经济补偿金应当按照劳动者工作年限支付，工作一年给一个月。

    33. 经济补偿按劳动者在本单位工作的年限，六个月以上不满一年的，按一年计算；不满六个月的，向劳动者支付（A）工资的经济补偿。

    A. 半个月

    B. 一个月

    C. 一周

    D. 三周

    34. 根据《劳动合同法》的规定，不属于应当支付经济补偿金的情形是（B）。

    A. 因用人单位违反法律规定、劳动合同规定，劳动者解除劳动合同的

    B. 劳动者向用人单位提出解除劳动合同并与用人单位协商一致解除劳动同的

    C. 用人单位在劳动者无过错的情况下（如劳动者患病后不能从事原工作、不胜任工作、客观情况发生重大变化）解除劳动合同的

    D. 用人单位根据裁员的规定解除劳动者的劳动合同的

    35. 用人单位违法解除或者终止劳动合同的，应当依照法定经济补偿标准的（B）向劳动者支付赔偿金。

    A. 一倍

    B. 二倍

    C. 二倍以上

    D. 三倍以下

    三、多项选择题（选择两个或两个以上正确的答案，将相应的字母填入题内的括号中）

    1. 狭义的人力资源涵盖了（AB）两个方面。

A. 数量

B. 质量

C. 年龄

D. 价值

E. 素质

2. 一个完整的人力资源规划应包括（BCDE）。

A. 增长计划

B. 人员补充计划

C. 培训开发计划

D. 调配计划

E. 人员晋升计划

3. 如果某企业由于市场的变化和结构的调整产生人员过剩，可以采用的调节方式有（BCDE）。

A. 将生产任务转包给其他企业

B. 限制雇佣

C. 鼓励提前退休

D. 工作轮换

E. 裁员

解析：将工作转给其他企业会使得人员过剩现象更为严重。

4. 工作说明书的主要内容包括（ABCDE）。

A. 工作标识

B. 工作活动和工作程序

C. 工作条件和物理环境

D. 工作权限

E. 工作规范

5. 以下招聘渠道属于内部招聘的是（DE）。

A. 网络招聘

B. 中介推荐

C. 校园招聘

D. 员工自荐

E. 内部晋升

6. 以下招聘渠道属于外部招聘的是（ABC）。

A. 网络招聘

B. 中介推荐

C. 校园招聘

D. 员工自荐

E. 内部招聘

7. 在做人才录用的时候，应该遵守的原则包括（ABD）。

A. 因事择人和因人任职相结合

B. 平等竞争原则

C. 最优选取原则

D. 重工作能力原则

E. 薪资就低原则

8. 以下（CE）不是人员录用原则。

A. 因事择人和因人任职相结合

B. 平等竞争原则

C. 最优选取原则

D. 重工作能力原则

E. 薪资就低原则

9. 企业对员工的培训与开发的重要意义在于（BCDE）。

A. 减少外部人员的招聘

B. 满足市场竞争的需要

C. 适应环境的变化

D. 满足员工自身发展的需要

E. 提高组织效益

解析：对员工培训并不减少对外部人员招聘。

10. 培训评估可以检验培训的效果如何。通常，评价培训阶段的步骤包括（ABCDE）。

A. 确定目标

B. 受训者先测

C. 培训控制

D. 针对标准评估培训结果

E. 评价结果的转移

11. 完整的绩效管理系统，它包括的管理环节有（ABCDE）。

A. 绩效制定

B. 绩效检测

C. 绩效评估

D. 绩效反馈

E. 绩效应用

12. 以下为绩效管理主要功能的有（ABCDE）。

A. 导向功能

B. 监测功能

C. 诊断功能

D. 竞争功能

E. 反馈功能

13. 绩效管理系统设计的原则包括（ABCDE）。

A. 公开化原则

B. 可靠性原则

C. 准确性原则

D. 实用性原则

E. 反馈修改原则

14. 以下绩效评估常用的方法有（ABCDE）。

A. 排列法

B. 成对比较法

C. 强制分布法

D. 行为观察法

E. 目标管理法

15. 集体福利设施和服务所需的基金来源于用人单位的部分主要由以下（AB）部分组成。

   A. 用人单位根据规定设立的职工福利基金

   B. 从单位行政经费、企业管理费和事业单位的事业费中取一部分用于保卫工福利

   C. 工会经费的一部分

   D. 职工捐款

   E. 社会募集

16. 社会福利在实施过程中，其具有（ABCDE）的特征。

   A. 代表的广泛性

   B. 维权的前瞻性

   C. 覆盖的整体性

   D. 规范的程序性

   E. 社会的公认性

17. 社会保险福利是由政府统一管理的福利措施，常见的社会保险福利有（BCDE）。

   A. 文化旅游性福利

   B. 医疗保险

   C. 失业保险

   D. 工伤保险

   E. 养老保险

   解析： 五大保险是国家统一管理的，不含文化旅游性福利。

18. 组织在进行薪酬设计时必须要遵循的原则包括（ABC）。

   A. 公平性原则

   B. 竞争性原则

   C. 激励性原则

   D. 保密性原则

   E. 公开性原则

   解析： 薪酬的原则是对内公平、对外竞争、对员工有激励。

19. 根据《劳动合同法》规定，劳动合同的必备条款有（ABCE）。

A. 用人单位的名称、住所和法定代表人或者主要负责人

B. 劳动者的姓名、住址和居民身份证或者其他有效身份证件号码

C. 劳动合同期限

D. 试用期

E. 工作内容和工作地点

20. 下列（ACDE）劳动合同无效或者部分无效。

A. 以欺诈、胁迫的手段或者乘人之危，使对方在违背真实意思的情况下订立或者变更劳动合同的

B. 用人单位免除劳动者的法定责任、排除自己权利的

C. 违反法律、行政法规强制性规定的

D. 用人单位的规章制度违反法律规定的

E. 用人单位免除自己的法定责任、排除劳动者权利的

解析： 用人单位免除劳动者的责任和义务，法律并不禁止，不会构成合同无效。

21. 根据《劳动合同法》规定，用人单位招用劳动者时，应当如实告知劳动者（ADE）。

A. 工作内容

B. 休息休假

C. 工作时间

D. 职业危害

E. 安全生产状况

解析：《劳动合同法》第八条："用人单位招用劳动者时，应当如实告知劳动者工作内容、工作条件、工作地点、职业危害、安全生产状况、劳动报酬，以及劳动者要求了解的其他情况。"

22. 在劳动合同的履行过程中，劳动者应当履行以下义务（ABC）。

A. 遵纪守法的义务

B. 勤勉敬业的义务

C. 遵守劳动合同中约定事项的义务

D. 依法及时足额支付劳动报酬

E. 保护劳动者的生命安全和身体健康的义务

解析：DE 两项是用人单位义务。

23. 现行规定可以中止履行劳动合同的情形有（ABC）。

A. 劳动者应征入伍

B. 离职履行国家规定的其他义务

C. 劳动者因被限制人身自由而不能履行劳动合同约定义务的

D. 劳动者不胜任工作

E. 劳动者患病或者非因工负伤，在规定的医疗期满后不能从事原工作

解析：根据上海市劳动合同条例的规定，合同中止包括应征入伍；履行其他国家义务；劳动合同暂时无法履行但仍有履行可能的。而不胜任和医疗期满属于劳动合同法中可解除的情形。

24. 根据《劳动合同法》规定，劳动者有（ABCE）情形，用人单位可以解除劳动合同。

A. 在试用期间被证明不符合录用条件的

B. 严重违反用人单位的规章制度的

C. 严重失职、营私舞弊、给用人单位造成重大损害的

D. 严重违反劳动纪律的

E. 劳动者同时与其他用人单位建立劳动关系，对完成本单位的工作任务造成严重影响，或者经用人单位提出，拒不改正的

解析：上述内容除了严重违反劳动纪律第一条，其余都是劳动合同法第二十八条内容。

25. 根据《劳动合同法》规定，劳动者有（ACD）情形的，用人单位提前三十日以书面形式通知劳动者本人或者额外支付劳动者一个月工资后，可以解除劳动合同。

A. 劳动者患病或者非因工负伤，医疗期满后，不能从事原工作也不能从事另外安排的工作

B. 劳动合同订立时所依据的客观经济情况发生重大变化，致使原合同无法履行，经当事人协商不能就变更合同达成协议

C. 劳动者不能胜任工作，经过培训或者调整工作岗位仍不能胜任工作

D. 劳动合同订立时所依据的客观情况发生重大变化，致使原合同无法履行，经当事人协商不能就变更合同达成协议

E. 严重违反用人单位规章制度的

解析： 劳动合同订立依据的客观经济情况发生变化属于经济性裁员，严重违反规章制度属于劳动者过失解除，都不需要支付代通知金。

26. 根据《劳动合同法》规定，用人单位出现（ABCD）情形之一的，劳动者可以立即解除劳动合同。

A. 未按照劳动合同约定提供劳动保护或者劳动条件的

B. 未及时足额支付劳动报酬的

C. 未依法为劳动者缴纳社会保险费的

D. 用人单位的规章制度违反法律、法规的规定，损害劳动者权益的

E. 用人单位破产、解散、关闭、撤销的

解析： 用人单位破产倒闭属于终止，只有在用人单位因自身过失的前提下，劳动者可以及即时解除劳动合同。

27. 根据《劳动合同法》规定，可以裁员的情形有（ABDE）。

A. 依照企业破产法规定进行重整的

B. 生产经营发生严重困难的

C. 其他因劳动合同订立时所依据的客观情况发生重大变化、致使劳动合同无法履行的

D. 企业转产、重大技术革新或者经营方式调整，经变更劳动合同后，仍需裁减人员的

E. 其他因劳动合同订立时所依据的客观经济情况发生重大变化，致使劳动合同无法履行的

解析： 裁员是因为客观经济情况变化而非客观情况。

28. 《劳动合同法》除规定了可以解除劳动合同的条件外，还规定了劳动者在（BCD），用人单位不得依据非过错性解除条件解除合同。

A. 被依法追究刑事责任的

B. 在本单位患职业病或者因工负伤并被确认丧失或者部分丧失劳动能

力的

C. 患病或者非因工负伤，在规定的医疗期内的

D. 女职工在孕期、产期、哺乳期的

E. 在本单位连续工作满十年，且距法定退休年龄不足五年的

解析： 被追究刑事责任属于严重违纪，不受法律保护；另外劳动者满足 "15＋5" 才不得非过失解除，而不是 "10＋5"。

29. 致使劳动合同终止的情形包括（ABCDE）。

A. 劳动者开始依法享受基本养老保险待遇的

B. 劳动者死亡

C. 劳动者被人民法院宣告失踪

D. 用人单位被吊销营业执照

E. 用人单位被依法宣告破产

30. 用人单位在制定、修改或者决定有关（ABCDE）职工培训、劳动纪律以及劳动定额管理等直接涉及劳动者切身利益的规章制度或者重大事项时，应当经职工代表大会或者全体职工讨论，提出方案和意见，与工会或者职工代表平等协商确定。

A. 劳动报酬

B. 工作时间

C. 休息休假

D. 劳动安全卫生

E. 保险福利

解析：《劳动合同法》第四条规定用人单位在制定、修改或者决定有关劳动报酬、工作时间、休息休假、劳动安全卫生、保险福利、职工培训、劳动纪律以及劳动定额管理等直接涉及劳动者切身利益的规章制度或者重大事项时应当与工会或职代会平等协商确定。

31. 以下（ABC）是用人单位对员工的有关义务。

A. 接受工会监督的义务

B. 出具证明办理手续的义务

C. 保存合同文本的义务

D. 接受政府监督的义务

E. 经济补偿的义务

解析： 接受政府监督，按照法律给予补偿是对国家的义务。

32. 根据《劳动合同法》的规定，属于应当支付经济补偿金的情形有（ABCDE）。

A. 因用人单位违反法律规定、劳动合同约定，劳动者解除劳动合同的

B. 用人单位向劳动者提出解除劳动合同并与劳动者协商一致解除劳动合同的

C. 用人单位在劳动者无过错的情况下（如劳动者患病后不能从事原工作、不胜任工作、客观情况发生重大变化）解除劳动合同的

D. 用人单位根据裁员的规定解除劳动者的劳动合同的

E. 除用人单位维持或者提高劳动合同约定条件续订劳动合同，劳动者不同意续订的情形外，用人单位期满终止固定期限劳动合同的

解析： 根据《劳动合同法》规定，只要用人单位原因造成员工离职，都应当给予经济补偿。

第三单元 《集体协商和民主管理》

一、判断题 （将判断结果填入括号中。正确的填"√"，错误的填"×"）

1. 集体协商是指企业职工一方与企业就劳动关系有关事项进行平等协商的活动。 （√）

2. 集体协商是指企业职工一方与企业就劳动关系有关事项，通过集体协商签订的书面协议。 （×）

解析： 书面协议是集体合同，平等协商活动是集体协商。

3. 集体合同是指企业职工一方与企业就劳动关系有关事项，通过集体协商签订的书面协议。 （√）

4. 集体合同是指企业职工一方与企业就劳动关系有关事项，进行平等协商的活动。 （×）

5. 集体协商和集体合同制度产生于社会主义社会，并发展成为国际性的法律制度。 （×）

解析： 集体协商又称集体谈判，根据教材最早出现在1799年的美国。

6. 一般来说，集体合同的主体是特定的，并且其中至少有一方是由多数人组成的群体。 （√）

解析： 集体合同的主体是企业和全体职工。

7. 一般来看，劳动关系变化相对稳定的企业，集体协商谈判的时间限度选择相对短些。 （√）

8. 企业的协商谈判，一般是用人单位派出的代表与企业工会派出的代表之间，就本企业劳动关系的具体问题进行的协商洽谈的形式。 （√）

9. 工会的地位是指工会在国家文化、经济和社会关系中所处的位置。

（×）

解析：工会的地位主要指在国家政治、经济和社会关系中的地位。

10. 工会是工人群众为了胜利进行的斗争，即争取提高社会地位和改善劳动条件使自己的利益不受侵害而自愿结合起来的组织。　　　　（×）

解析：最早成立工会的目的是为了提高工资待遇，缩短工作时间，改善劳动条件。

11. "三人团"由厂长、党支部书记和工会委员长组成。　　　　（√）

解析：三人团起源于20世纪30年代的革命根据地瑞金。当时称为工会委员长。

12. 中国工会履行维权基本职责的途径主要是通过维护职工的劳动权利和维护职工的民主权利来予以实现的。　　　　（√）

13. 中国工会履行维权基本职责的途径主要是通过维护职工生存权利和维护职工的民主权利来予以实现的。　　　　（×）

解析：工会维护的是职工的劳动权利和民主权利。

14. 国有企业依照法律规定，通过职工代表大会和其他形式，实行民主管理。　　　　（√）

15. 合资企业实行民主管理，依照法律规定选举和罢免管理人员、决定经营管理的重大问题。　　　　（×）

解析：《宪法》第十七条规定集体经济组织实行民主管理。

16. 凡公有制企事业单位，即国有、集体及国家和集体控股的企事业单位均应建立职工代表大会制度。　　　　（√）

17. 职工代表大会预备会议阶段应注重对职代会议题的征集，认真做好职工代表的提案工作。　　　　（×）

解析：收集议题是会议筹备阶段做的工作。

18. 职工代表大会正式会议阶段：应组织职工代表听取报告、组织审议、依法表决、形成决议，并及时做好归案等工作。　　　　（√）

19. 厂务公开的内容应一视同仁，没有侧重。　　　　（×）

解析：厂务公开内容应当有所侧重。

20. 企事业单位党组织是推进厂务公开工作的第一责任人。　　　　（√）

21. 企事业单位党组织是推进厂务公开工作的第一执行人。　　　　（×）

22. 企事业单位的行政是推进厂务公开工作的第一执行人。　　　（√）

23. 企事业单位的行政是推进厂务公开工作的第一责任人。　　　（×）

24. 公有制企事业单位的纪检部门和组织部门是厂务公开重要的监督检查者。　　　（√）

25. 公有制企事业单位的纪检部门和组织部门是厂务公开重要的推动促进者。　　　（×）

26. 公有制企事业单位的工会是厂务公开工作重要的推动促进者。（√）

27. 公有制企事业单位的工会是厂务公开工作重要的监督检查者。（×）

28. 100 人以上的非公企业应实行职工大会制，50 人以下的企业应实行职工代表大会制。　　　（×）

解析：100 人以上实行职工代表大会制度，50 人以下实行职工大会制度。

29. 非公企业厂务公开的主要载体和渠道是职代会。　　　（√）

二、单项选择题（选择一个正确的答案，将相应的字母填入题内的括号中）

1. （B），即共同商量也称为谈判。

A. 议论

B. 协商

C. 博弈

D. 讨论

2. 集体协商，国外称为集体谈判，是协调（C）的法律制度。

A. 群众

B. 工人

C. 群体劳动关系

D. 公司或单位

3. （B）是集体协商谈判产生最早的国家。

A. 英国

B. 美国

C. 中国

D. 法国

4. （D）是世界上集体合同立法最早的国家。

A. 美国

B. 中国

C. 英国

D. 新西兰

解析：1904 年新西兰颁布了最早的集体合同法律，英国虽然最早签订集体协议，但一直反对政府立法干预。

5. 国民党政府于（B）颁布了《团体协约法》。

A. 1925 年

B. 1930 年

C. 1935 年

D. 1940 年

6. 将（B）作为集体协商和签订、履行集体合同的原则，可以防止双方当事人尤其是企业一方滥用优势地位而损害劳动者的权益。

A. 合法原则

B. 公正原则

C. 平等原则

D. 互相尊重原则

7. 所谓（A），就是进行集体协商和签订、履行集体合同的形式和内容必须符合法律、法规的规定。

A. 合法原则

B. 公正原则

C. 平等原则

D. 互相尊重原则

8. 在集体协商签订集体合同的过程中，无论是职工一方还是企业一方都不能强迫对方接受自己的要求或条件，更不能采取威胁、引诱等不正当手段，这体现了集体协商中的（C）。

A. 合法原则

B. 公正原则

C. 平等原则

D. 互相尊重原则

9. （B）作为一项社会道德的要求，也应该贯彻在集体协商和签订、履行集体合同的始终。

A. 合法原则

B. 互相尊重原则

C. 平等原则

D. 公正原则

10. 协商代表应当保守在集体协商过程中知悉的企业的商业秘密；遵守集体协商双方约定的纪律，不散布协商过程中不宜外传的信息，这体现了集体协商中的（C）。

A. 合法原则

B. 互相尊重原则

C. 诚实守信原则

D. 公正原则

11. 在集体协商签订集体合同过程中，双方应当求大同，存小异；签订的集体合同既能够有利于（D）又有利于企业的生产发展，追求劳资双方关系的平衡。

A. 合法原则

B. 互相尊重原则

C. 诚实守信原则

D. 兼顾双方合法利益原则

12. 集体合同（D）是最明显的特征之一，是区别于民事合同或经济合同的分水岭，也是区别于劳动合同的主要标志。

A. 地位的平等性

B. 内容的广泛性

C. 签订的合法性

D. 主体的特定性

13. 按协商谈判的（C）划分，集体协商谈判可以分为地区的协商谈判、企业的协商谈判、行业的协商谈判和全国的协商谈判。

A. 间隔时间

B. 运作的性质

C. 运作的层次

D. 所涉及的内容

14. 集体协商谈判是（B）与劳动者整体，就双方在劳动关系中权利与义务谈判的基本机制。

A. 企业法人

B. 用人单位

C. 工会主席

D. 董事长

15. 集体协商与集体合同制度是维护职工（C）的重要手段。

A. 经济利益

B. 人身安全

C. 合法权益

D. 基本保障

16. 全国总工会、国家经贸委、国家体改委于（D）年联合下发了《关于国务院确定的百家现代企业制度试点中心工会工作和职工民主管理实施意见》。

A. 1990

B. 1992

C. 1994

D. 1996

17. 职工一方集体协商代表的产生有（C）种情况。

A. 1

B. 2

C. 3

D. 4

解析： 有工会的企业职工代表由工会选派。没有工会的，由上级工会指导民主选举产生。首席代表由职工代表推荐产生，因此代表产生有三种方式：

选派、选举和推荐。

18. 出现（D）情形，用人单位不得单方面解除职工方协商代表的劳动合同。

A. 严重违反劳动纪律的

B. 严重失职对用人单位利益造成重大损害的

C. 被依法追究刑事责任的

D. 因健康原因不能参加集体协商的

解析： 除了健康原因外，其他都是《劳动合同法》规定的可以解除的情形。

19. 下列哪项不是协商代表应当具备的素质（D）。

A. 思想素质

B. 业务素质

C. 心理素质

D. 身体素质

20. 协商代表每方不得少于（B）人。

A. 2

B. 3

C. 4

D. 5

21. 集体协商代表的最长任职期限，按照有关规定从选出开始到集体合同期满为止，任职期一般在（C）之间。

A. 3 个月至 6 个月

B. 6 个月至 1 年

C. 1 年至 3 年

D. 5 年至 10 年

解析： 集体合同期限 1 年至 3 年，协商代表任职期限到合同满为止。

22. 集体协商前，先要将参加集体协商代表的情况在正式协商之日前（B）天内用书面形式告知对方。

A. 10

B. 15

C. 20

D. 25

23. 要制订细致周密的协商计划，努力做到（B）个确定。

A. 3

B. 4

C. 5

D. 6

解析：四个确定分别是：时间地点、目标、主体、分工。

24. 工会所具有的基本属性：（D）。

A. 阶级性和广泛性

B. 群众性和自愿性

C. 广泛性和自愿性

D. 阶级性和群众性

解析：工会是自愿结合的工人阶级群众组织。

25. 工会的阶级性表现为：一是参加工会组织的成员均为工人阶级成员；二是工会的产生、存在和发展是适应了工人阶级（A）的需要。

A. 利益

B. 劳动

C. 权利

D. 生活

26. （C）是工会组织区别于其他组织的最基本的特性。

A. 自愿性

B. 群众性

C. 阶级性

D. 广泛性

27. 工会的地位是指工会在国家（C）中所处的位置。

A. 政治、文化和社会关系

B. 经济、文化和社会关系

C. 政治、经济和社会关系

D. 政治、文化和经济贸易

28. 工会的（A）是指工会在一定的产权关系、劳动关系和分配关系中位置。

A. 经济地位

B. 政治地位

C. 文化地位

D. 社会地位

29. 工会的（B）是指工会在一定的政治关系和政治制度中的关系。

A. 经济地位

B. 政治地位

C. 文化地位

D. 社会地位

30. 工会的（C）是指工会在科技教育、思想道德乃至整个精神文明建设中的位置。

A. 经济地位

B. 政治地位

C. 文化地位

D. 社会地位

31. 工会的（D）是指工会在一定的社会关系中的位置，工会作为一个重要的社会政治团体，是社会主义国家政权的一个重要的政治支柱。

A. 经济地位

B. 政治地位

C. 法律地位

D. 社会地位

32. 工会是典型的（D）。

A. 企业法人

B. 事业法人

C. 机关法人

D. 社团法人

33. 基层工会申请取得工会法人资格，应向（D）报送基层工会法人资格申请登记表、上级工会出具的基层工会成立的证明、自有经费和财产证明等材料。

A. 上级工会

B. 劳动行政部门

C. 人民法院

D. 审查登记机关

34. 审查登记机关自收到申请登记表之日起的（C）内对有关材料进行审查核准，审查合格者，办理登记手续，发放《工会法人资格证书》及其副本和《工会法人法定代表人证书》，并可在地方报刊上发布公告，同时报上一级工会备案。

A. 10 日

B. 20 日

C. 30 日

D. 40 日

35. 职工民主管理的主体是企事业单位的（B）。

A. 管理人员

B. 职工

C. 技术人员

D. 一线工人

36. "三人团"由（D）组成。

A. 厂长、党支部书记和工会主席

B. 职工代表、党支部书记和工会主席

C. 厂长、党支部书记和职工代表

D. 厂长、党支部书记和工会委员长

37. （A）中共中央在《关于工矿企业政策的指示》中，正式推广工厂委员会制度。

A. 1946 年 5 月

B. 1949 年 5 月

C. 1949 年 10 月

D. 1946 年 10 月

38. （B）华北人民政府作出了《关于在国营工业企业中建立工厂管理委员会和职工代表会议制度的决定》。

A. 1946 年 8 月

B. 1949 年 8 月

C. 1949 年 10 月

D. 1946 年 10 月

39. （B）华北解放区召开职工代表大会，正式强调所有工厂要建立工厂管理委员会和职工代表会议制度。

A. 1946 年 5 月

B. 1949 年 5 月

C. 1949 年 10 月

D. 1946 年 10 月

40. 1950 年 2 月，中央人民政府政务院财政经济委员会发出（D），标志着华北解放区将建立工厂管理委员会和职工代表会议制度推动为全国性统一执行的政策。

A.《关于研究有关工人阶级的几个重要问题的通知》

B.《关于在国营工业企业中建立工厂管理委员会和职工代表会议制度的决定》

C.《苏维埃国家工厂管理条例》

D.《关于国营、公营工厂建立工厂管理委员会的指示》

41. 党中央、国务院于（C）年颁发了《国营工业企业职工代表大会暂行条例》。

A. 1976

B. 1978

C. 1981

D. 1988

42. 1988 年 4 月，（A）颁布实施，第一次通过国家立法形式，对职工代表大会为基本形式的职工民主管理的性质、内容、职权作了明确的规定，从而也使我国的职工民主管理走上法制化和规范化轨道。

A. 《企业法》

B. 《职代会条例》

C. 《国营工业企业职工代表大会暂行条例》

D. 《中国民主政治白皮书》

43. 中国工会维护职工合法权益包括（C）的内容。

A. 维护职工肖像权

B. 维护职工名誉权

C. 维护职工民主权利

D. 维护职工生存权利

解析：工会维护职工民主权利和劳动权利。

44. 下面不属于中国工会维护职工劳动权利的是（C）。

A. 就业的权利

B. 获取劳动报酬的权利

C. 维护职工合法消费的权利

D. 维护职工休息休假的权利

45. 计划经济时期，职工是以"（C）"的身份参加民主管理的。

A. 打工者

B. 雇员

C. 主人

D. 下属

46. 我国企业工会组织是由（A）产生的。

A. 工会会员选举

B. 全体职工选举

C. 党支部委任

D. 董事会选举

解析：《工会法》第九条规定：各级工会组织按照民主集中制建立。各级工会委员会由会员大会或者会员代表大会民主选举产生。

47. 不同群体的职工都可以通过民主选举产生各自的代表，参与企业民主管理，体现了我国职工代表大会制度的（A）。

A. 代表的广泛性

B. 维权的前瞻性

C. 覆盖的整体性

D. 社会的公认性

48. 企业与职工代表就一定时期内企业发展的任务和目标、企业和职工各自的权利义务等予以对话、协商，以形成既有利于企业发展，又有利于提高职工福利待遇等方面的规划、协议，体现了我国职工代表大会制度的（B）。

A. 代表的广泛性

B. 维权的前瞻性

C. 覆盖的整体性

D. 社会的公认性

49. 民主管理的维权研究解决和争取的利益是面向广大职工的，体现了大多数人的权益，体现了我国职工代表大会制度的（B）。

A. 代表的广泛性

B. 覆盖的整体性

C. 规范的程序性

D. 社会的公认性

50. 通过规范的议事规则形成具有法律刚性和强度的决定决议或契约，可以较好地规范企业与职工的各自行为，体现了我国职工代表大会制度的（C）。

A. 代表的广泛性

B. 覆盖的整体性

C. 规范的程序性

D. 社会的公认性

51. 依据以职代会为基本形式的民主管理制度形成的决定决议，作为协调和解决劳动关系问题的评判依据，已得到了社会各界的公认，体现了我国职工代表大会制度的（D）。

　　A. 代表的广泛性

　　B. 维权的前瞻性

　　C. 规范的程序性

　　D. 社会的公认性

52.（D）实行民主管理，依照法律规定选举和罢免管理人员、决定经营管理的重大问题。

　　A. 国有企业

　　B. 合资企业

　　C. 独资企业

　　D. 集体经济组织

53.《工会法》第六条规定："工会依照法律规定通过职工代表大会或者其他形式，组织职工参与本单位的（C）。"

　　A. 民主选举、民主管理和民主监督

　　B. 民主选举、民主管理和民主决策

　　C. 民主决策、民主管理和民主监督

　　D. 民主决策、民主选举和民主监督

54.（C）应建立职工代表大会制度。

　　A. 我国境内所有单位

　　B. 公有制企事业单位

　　C. 国有企事业单位

　　D. 集体企事业单位

55. 3000～1000人的单位为中型单位，其职代会的代表人数比例应为其职工总数的（B）。

　　A. 3%～5%

　　B. 5%～7%

　　C. 7%～10%

　　D. 10%以上

解析：1000 人职工企业按规定不少于 75 名代表，占职工人数 7.5%，3000 人不少于 175 人，占职工人数 5.8%，所以答案选 B。

56. 200 ～ 1000 人的单位为中小型单位，代表人数为（B），且代表的最低人数不得少于 30 名。

　　A. 5% ～ 7%

　　B. 7% ～ 18%

　　C. 10% ～ 14%

　　D. 14% 以上

解析：1000 名职工代表人数不少于 75 人，比例为 7.5%，200 人不少于 35 人，比例为 17.5%，所以 200 ～ 1000 人代表比例在 7.5% ～ 17.5% 之间，所以答案选 B。

57. 公有制企事业单位职代会代表中，工人代表应为代表总数的（D）。

　　A. 10%

　　B. 15%

　　C. 20%

　　D. 40%

58. 公有制企事业单位职代会代表，一般以班组为单位经民主选举产生，须有本选区全体职工（C）以上参加选举。

　　A. 1/2

　　B. 1/3

　　C. 2/3

　　D. 4/5

59. 下列对职代会通过的决议、决定和方案表述正确的是（A）。

　　A. 如需修改，必须按规定的程序重新审议表决

　　B. 如要修改由企业行政决定即可

　　C. 只是一种形式而已，没有多大作用

　　D. 是企业和职工重要的参考依据

解析：《上海市职工代表大会条例》第三十三条规定职代会审议通过的事项未经职代会重新审议通过不得变更。

60. 通过行政领导与职工代表的沟通交流，以及职工代表与选区职工的沟通，认真做好对职代会方案草案的审议和修改等工作，是属于职工代表大会的（B）。

    A. 筹备工作阶段

    B. 预备会议阶段

    C. 正式会议阶段

    D. 落实会议精神阶段

61. 组织职工代表听取报告、组织审议、依法表决、形成决议，并及时做好归案等工作，是属于职工代表大会的（C）。

    A. 筹备工作阶段

    B. 预备会议阶段

    C. 正式会议阶段

    D. 落实会议精神阶段

62. 下列（D）人员不由职代会民主选举产生。

    A. 集体企业的经理（厂长）

    B. 董事会中的职工董事和职工监事

    C. 职代会各专门委员会

    D. 工会主席和副主席

    解析：工会主席由全体工会会员选举或者由工会委员会选举产生。

63. 厂务公开是新时期加强基层企事业单位（A）的一项重大举措。

    A. 民主政治建设

    B. 员工思想建设

    C. 精神文明建设

    D. 企业文化建设

64. 厂务公开的形式不包括（D）。

    A. 建立公开栏

    B. 召开厂情通报会

    C. 职工群众代表座谈会

    D. 个别访谈

65. 公有制企事业单位的工会是厂务公开工作重要的（A）者。

A. 推动促进

B. 监督检查

C. 组织实施

D. 操作执行

66. 以下不属于推进非公企业民主管理必须坚持的基本原则是（C）。

A. 依法推进

B. 注重实际

C. 求得平衡

D. 体现双赢

67. 非公企业职代会代表中一线职工代表人数不低于（C）。

A. 20%

B. 40%

C. 50%

D. 60%

68. 非公企业职代会代表中担任中层以上领导职务的代表不超过（A）。

A. 20%

B. 40%

C. 50%

D. 60%

69. 职代会可以设一定比例的列席代表。列席代表比例一般不超过正式代表的（A）。

A. 10%

B. 15%

C. 20%

D. 40%

70. 2000人以上职工的非公企业，其职代会代表的人数应不少于（C）。

A. 50人

B. 80人

C. 125 人

D. 300 人

71. 非公企业选举职代会代表时，应有选区全体职工（C）以上参加。

A. 1/3

B. 1/2

C. 2/3

D. 4/5

72. 下列不属于非公企业职代会的主要职权是（D）。

A. 知情参与权

B. 审议通过权

C. 选举罢免权

D. 评议干部权

73. 以下非我国职工民主管理的法律主要依据是（A）。

A. 刑法

B. 劳动法

C. 工会法

D. 公司法

74. 下列不属于本市公有制企事业单位职代会的工作阶段的是（B）。

A. 筹备工作阶段

B. 总结表彰阶段

C. 正式会议阶段

D. 落实会议精神阶段

三、多项选择题（选择两个或两个以上正确的答案，将相应的字母填入题内的括号中）

1. 自人类出现分工，人们意识到自身的利益，并在为之奋斗的过程中遇到和他人利益的矛盾时，（AD）就在人类社会中产生了。

A. 协商

B. 协议

C. 博弈

D. 谈判

E. 讨论

2. 集体合同的内容,最初只规定(BCE)。

A. 录用、调动和辞退工人的程序

B. 工作时间

C. 工资标准

D. 休假期限

E. 劳动保护

3. 以下哪些是集体协商的原则(ABD)。

A. 合法原则

B. 公正原则

C. 长期合作原则

D. 互相尊重原则

E. 一票否决原则

4. 集体合同有(ABCDE)的特征。

A. 主体的特定性

B. 地位的平等性

C. 内容的广泛性

D. 签订的合法性

E. 形式的规范性

5. 集体协商谈判常见的划分标准由(BCDE)来划分。

A. 按谈判人数的多少

B. 按协商谈判的间隔时间

C. 按协商谈判所涉及的内容的多少

D. 按协商谈判运作的性质

E. 按协商谈判运作的层次

6. 定期的协商谈判需要根据企业(ABCE)等因素制约的劳动关系变化而决定。

A. 面临的市场状况

B. 生产规模

C. 技术进步速度

D. 企业人数

E. 企业经营业绩

7. 协商双方可以就（ABCDE）内容进行协商，签订集体合同或专项集体合同。

A. 工资支付办法

B. 劳动定额标准

C. 补充保险

D. 考核奖惩制度

E. 劳动安全卫生

8. 除出现下列情形之一的，用人单位不得单方面解除职工方协商代表的劳动合同（ABCD）。

A. 严重违反劳动纪律的

B. 严重失职对用人单位利益造成重大损害的

C. 被依法追究刑事责任的

D. 严重违反用人单位依法制定的规章制度的

E. 因健康原因不能参加集体协商的

9. 协商代表的职责有（ABCDE）。

A. 有权参加集体协商

B. 有权收集与集体协商有关的情况和资料

C. 主动积极地听取职工对集体协商的意见和建议

D. 具有陈述权

E. 具有监督权

10. 工会组织群众性的具体表现为工会的（ADE）。

A. 广泛性

B. 阶级性

C. 科学性

D. 自愿性

E. 民主性

11. 职工民主管理形式经历了（ABCDE）等发展过程。

A. 三人团

B. 工人大会

C. 工厂管理委员会

D. 职工代表会议

E. 员工大会

12. 职工民主管理早期发展时期的"三人团"主要是指（ABD）。

A. 厂长

B. 党支部书记

C. 职工代表

D. 工会委员长

E. 工会主席

13. 中国工会维护职工劳动权利主要包括（ABDE）。

A. 就业的权利

B. 获取劳动报酬的权利

C. 维护职工合法消费的权利

D. 维护职工得到劳动保护和社会保障的权利

E. 维护职工休息休假的权利

14. 中国工会把推进职工民主管理制度作为新时期工会（ABC）的重要工作予以重点推进。

A. 履行维护职能

B. 参与协调劳动关系

C. 促进社会和谐稳定

D. 参与社会事务管理

E. 建立区域性劳动关系三方机制

15. 党的十七大工作报告对职工民主管理方面的论述主要有（ABCDE）。

A. 全心全意依靠工人阶级

B. 完善以职工代表大会为基本形式的企事业单位民主管理制度

C. 推进厂务公开

D. 支持职工参与管理

E. 维护职工合法权益

16.（ABCDE）规定，企业职工一方与用人单位通过平等协商订立的集体合同草案应当提交职工代表大会或者全体职工讨论通过。

A. 劳动法

B. 工会法

C. 劳动合同法

D. 上海市集体合同条例

E. 公司法

17. 职工代表资格审查小组的任务是审查职工代表的（ABD）是否符合规定的要求。

A. 资格条件

B. 选举产生的民主程序

C. 出席职代会的法定人数

D. 结构比例

E. 履行相应的职责

18. 下列对职代会通过的决议、决定和方案表述正确的是（AC）。

A. 具有法律效力，单位和职工都必须认真履行

B. 是企业和职工重要的参考依据

C. 如需修改，必须按规定的程序重新审议表决

D. 如要修改由企业行政决定即可

E. 只是一种形式而已，没有多大作用

19. 下列职代会的（ABCDE）是在职代会审议的基础上，需要进行无记名表决的。

A. 审议建议权

B. 审查同意或否决权

C. 审议决定权

D. 评议监督权

E. 民主选举权

20. 下列的（ABCDE）是属于职代会审议建议权的内容。

A. 企事业单位资产运作情况

B. 企业发展规划

C. 职工的养老金和公积金

D. 企业业务招待费使用情况

E. 职工的医疗保险金和失业金

21. 下列的（ABCDE）是属于职代会审查同意或否决权的内容。

A. 职工的劳动报酬事项

B. 职工的工作时间和休息休假事项

C. 企业劳动安全卫生方案草案

D. 职工的劳动保险福利事项

E. 女职工特殊权益专项协议草案

22. 下列（ABCD）人员应由职代会民主选举产生。

A. 集体企业的经理（厂长）

B. 董事会中的职工董事和职工监事

C. 企业集体协商的职工方代表

D. 职代会各专门委员会

E. 工会主席和副主席

23. 集体企业的（ABC）等事项应由职代会审议决定。

A. 经营管理人员的选举

B. 经理厂长的选举和罢免

C. 企业的经营管理重大问题

D. 领导干部的民主评议

E. 企业福利基金公益金的使用方案

24. 下列（ABCDE）事项属于公有制企事业单位厂务公开内容中的重大决策问题必须予以公开。

A. 单位中长期发展规划

B. 单位投资和生产经营重大决策方案

C. 单位改革改制方案

D. 兼并、破产方案

E. 职工裁员、分流、安置方案

25. 下列（ABCDE）事项属于公有制企事业单位和生产经营管理方面的重要内容必须予以公开。

A. 生产经营目标及完成情况

B. 企业财务预决算、企业担保情况

C. 工程建设项目的招投标

D. 大宗物资采购

E. 企业内部经济责任制落实情况

26. 推进非公企业民主管理必须坚持的基本原则是（ABDE）。

A. 依法推进

B. 注重实际

C. 求得平衡

D. 体现双赢

E. 注重实效

27. 非公企业民主管理必须坚持的基本原则是（ABCDE）。

A. 组织职工开展合理化建议

B. 就企业生产经营和管理等情况提出意见和建议

C. 由工会代表职工与企业进行平等协商

D. 对涉及职工切身利益事项进行审议表决并公示

E. 建立劳动争议调解机构，及时处理劳资矛盾

28. 非公企业职代会的代表构成是（ABCDE）。

A. 一线职工代表人数不得低于 50%

B. 担任中层以上领导职务的代表不超过 20%

C. 职工代表的最低人数不得少于 30 人

D. 青年职工和女职工代表应占适当比例

E. 职代会可以设一定比例的列席代表

29. 职代会的代表产生应是（ABC）。

A. 由民主选举产生

B. 有选区全体职工 2/3 以上参加选举

C. 获得应到职工过半数赞成票方可当选

D. 不可连选连任

E. 不实行常任制

30. 非公企业职代会的议事规则要求（ABCE）。

A. 职代会须有应到代表 2/3 以上出席方可召开

B. 职代会审议表决事项须获得应到代表过半数赞成票方可通过

C. 职代会通过的决议具有法定效力

D. 职代会决定决议不可以修改

E. 职代会对涉及职工切身利益事项的决定应用无记名表决方式

31. 非公企业职代会的检查监督权主要包括（ABCDE）等内容。

A. 检查监督企业与职工劳动合同签订和履行情况

B. 检查监督企业集体合同签订履行情况

C. 检查监督职代会决定决议执行情况

D. 检查监督企业为职工缴纳的社会保险金情况

E. 检查监督企业贯彻执行法律法规和政策情况

32. 非公企业厂务公开的主要内容包括（ABCDE）等。

A. 企业为职工缴纳的养老、医疗、失业等社会保险金和外来务工人员综合保险金情况

B. 企业执行国家和政府规定的劳动安全卫生保护情况

C. 公开劳动合同、集体合同及工资集体协议情况

D. 公开企业涉及职工切身利益的各类规章制度

E. 公开企业辞退和处分职工的情况和依据

33. 党的十七大工作报告对职工民主管理方面的论述主要有（ABCDE）。

A. 全心全意依靠工人阶级

B. 完善以职工代表大会为基本形式的企事业单位民主管理制度

C. 推进厂务公开

D. 支持职工参与管理

E. 维护职工合法权益

34. 我国职工民主管理的法律依据主要有（ABCDE）。

A. 宪法

B. 劳动法

C. 工会法

D. 公司法

E. 劳动合同法

35. （ABCDE）规定，企业职工一方与用人单位通过平等协商订立的集体合同草案应当提交职工代表大会或者全体职工讨论通过。

A. 劳动法

B. 工会法

C. 劳动合同法

D. 上海市集体合同条例

E. 公司法

36. 职工代表资格审查小组的任务是审查职工代表的（ABD）是否符合规定的要求。

A. 资格条件

B. 选举产生的民主程序

C. 出席职代会的法定人数

D. 结构比例

E. 履行相应的职责

37. 下列对职代会通过的决议、决定和方案表述正确的是（AC）。

A. 具有法律效力，单位和职工都必须认真履行

B. 是企业和职工重要的参考依据

C. 如需修改，必须按规定的程序重新审议表决

D. 如要修改由企业行政决定即可

E. 只是一种形式而已，没有多大作用

38. 下列职代会的（ABCDE）是在职代会审议的基础上，需要进行无记名表决的。

A. 审议建议权

B. 审查同意或否决权

C. 审议决定权

D. 评议监督权

E. 民主选举权

39. 下列的（ABCDE）是属职代会审议建议权的内容。

A. 企事业单位资产运作情况

B. 企业发展规划

C. 职工的养老金和公积金

D. 企业业务招待费使用情况

E. 职工的医疗保险金和失业金

40. 下列的（ABCDE）是属于职代会审查同意或否决权的内容。

A. 职工的劳动报酬事项

B. 职工的工作时间和休息休假事项

C. 企业劳动安全卫生方案草案

D. 职工的劳动保险福利事项

E. 女职工特殊权益专项协议草案

41. 下列（ABCD）人员应由职代会民主选举产生。

A. 集体企业的经理（厂长）

B. 董事会中的职工董事和职工监事

C. 企业集体协商的职工方代表

D. 职代会各专门委员会

E. 工会主席和副主席

42. 集体企业的（ABC）等事项应由职代会审议决定。

A. 经营管理人员的选举

B. 经理厂长的选举和罢免

C. 企业的经营管理重大问题

D. 领导干部的民主评议

E. 企业福利基金公益金的使用方案

第四单元 《企业规章制度建设》

一、判断题（将判断结果填入括号中。正确的填"√"，错误的填"×"）

1. 用人单位不能够单方面制定规章制度，需要与工会或职工代表大会平等协商。 （√）

2. 企业规章制度是指用人单位根据有关法律、法规以及企业自身特点制定的，在本单位实行的有关组织和进行劳动管理的规则总称。 （√）

3. 企业规章制度具有权威性、严肃性和强制性的特征。 （√）

4. 劳动合同没有约定，国家法律法规又没有规定的，不能作为企业规章制度。 （×）

解析： 单位可以结合国家法律和企业实际，自己制定规章制度。

5. 对某些岗位员工调整高温费用通知属于企业规章制度。 （×）

解析： 通知不属于规章制度。

6. 《劳动法》比《劳动合同法》对企业用工管理的影响更具体，对企业人力资源管理提出更高的要求。 （×）

解析：《劳动合同法》后出，比《劳动法》对企业人力资源管理的要求更高。

7. 《劳动合同法》规定，企业制定规章制度的行为需要经过企业内部的民主程序。 （√）

8. 《劳动合同法》关于企业规章制度制定的程序最后定义在"民主程序"上。 （×）

解析：《劳动合同法》第四条关于程序最后的定义在平等协商上。

9. 规章制度的制定，一般由工会根据企业的状况，认为需要在哪些方面

建立规章制度，提出建立规章制度的议案。　　　　　　　　（×）

解析：规章制度由企业提出，体现企业的意志。

10. 企业制定规章制度时认为有需要的，可以聘请专业人士和律师参加。

（√）

11. 没有建立职工代表大会制度的，应当将规章制度草案交由全体职工讨论，由全体职工提出意见或方案。　　　　　　　　　　（√）

12. 规章制度形成建议稿后，企业需进一步对其完善，确定规章制度的最终稿。　　　　　　　　　　　　　　　　　　　　（×）

解析：形成建议稿后，需要通过民主程序最终确定。

13. 未经公示的企业规章制度，对职工不具有约束力。　　　（√）

14. 对于企业规章制度制定来说，公示和告知是非常重要的。　（√）

15. 用人单位直接涉及劳动者切身利益的规章制度违反法律、法规规定，给劳动者造成损失的，应当承担赔偿责任。　　　　　　　（√）

16. 用人单位直接涉及劳动者切身利益的规章制度违反法律、法规规定，给劳动者造成损害的，应当承担法律责任。　　　　　　　（×）

解析：承担赔偿责任。

17. 经过民主程序的企业规章制度与劳动标准相冲突而引发的劳动争议，企业规章制度可以在劳动仲裁和司法审判程序中作为审理劳动争议案件的依据。　　　　　　　　　　　　　　　　　　　　（√）

18. 劳动保障行政部门有权对用人单位制定规章制度的情况实施劳动监察，并可以根据违反法律、法规的具体行为，作出责令改正等行政处理。

（√）

19. 企业规章制度虽然不是法律法规，但在企业内部对职工具有相同于法律的效力。　　　　　　　　　　　　　　　　　　　（√）

20. 企业规章制度是劳动合同在企业的延伸和具体化。　　　（×）

解析：企业规章制度是国家法律法规在企业内部的延伸。

21. 企业规章制度是法律法规在企业的延伸和具体化。　　　（√）

22. 生产车间可以根据自身不同的要求单独制定规章制度。　（×）

解析：规章制度要以企业名义发布，而不是部门车间。

23. 劳动条件和待遇不得低于法定最低标准，但可以适当低于集体合同的约定。 （×）

解析：有关劳动条件和待遇不能低于集体合同标准。

24. 用人单位的规章制度必须在现行法律之内制定。 （×）

解析：可以根据法律法规做延伸，制定适合本企业的规章制度。

25. 《劳动合同法》规定，公司董事会有权制定公司的基本管理制度。

（×）

解析：《公司法》规定了这项权利而不是《劳动合同法》。

26. 企业规章制度仅对制度制定时的本单位全体职工有约束力。 （×）

解析：规章制度对后进单位的员工同样有约束力。

27. 遵守企业规章制度是全体职工和企业的法定义务和约定义务。 （√）

28. 用人单位应当依法建立和完善规章制度，保障劳动者享有劳动权利和履行劳动义务。 （√）

29. 劳动法中规定了规章制度的制定与颁布应遵循的法定程序。 （√）

30. 规章制度经过法定程序制定后，应当向劳动者公示，方始生效。

（√）

31. 企业劳动规章制度的实施是企业制定规章制度的目的所在。 （√）

32. 公司解除严重违反规章制度的员工劳动合同时应当事先通知工会。

（√）

33. 规章制度的执行应当是刚性的。 （√）

34. 规章制度的执行应当是柔性的。 （×）

解析：规章制度不能柔性处理。

35. 合理合法地妥善处理员工违纪行为，避免和减少劳动争议的发生，是人力资源管理人员需要掌握的重要技巧。 （√）

36. 合理合法地妥善处理员工违纪行为，避免和减少劳动争议的发生，是全体职工需要掌握的重要技巧。 （×）

37. 违纪员工处理原则：以事实为依据，以规章制度为准绳。 （√）

38. 弄清事实，取得证据后就可以给予违纪职工行政和经济处罚。 （×）

解析：随着国有企业职工奖惩条例被废止，现在罚款没有任何法律依据。

39. 企业对违纪员工进行处理时，必须要将处理通知送达员工，否则，对员工不产生任何法律效力。　　　　　　　　　　　　　（√）

40. 如果员工违纪被扣除有关费用后，剩余的收入低于当地最低工资标准的，也是不符合法律规定的。　　　　　　　　　　　（√）

41. 企业一旦建立了规章制度，就要严格执行，不能再改变。（×）

解析：企业规章制度要随企业发展、国家法律法规的调整而不断修订。

42. 随着形势的发展和国家法律法规的不断完善，企业规章制度建设也必须适应新的要求。　　　　　　　　　　　　　　　　（√）

二、单项选择题（选择一个正确的答案，将相应的字母填入题内的括号中）

1. 规章制度是企业文化的（A）。

A. 重要载体

B. 展示

C. 表现

D. 缩影

2. 下列不属于企业规章制度特征的是（C）。

A. 权威性

B. 严肃性

C. 宽松性

D. 强制性

3. 企业起草的规章制度草案，有职工代表大会的，应当将规章制度草案提交职工大会讨论；没有职工大会的，应当交由全体职工讨论。这个过程称为（A）。

A. 民主程序

B. 集中程序

C. 平等协商

D. 民主管理

4. 《劳动合同法》关于企业规章制度制定的程序最后定义在"（C）"上。

A. 民主程序

B. 集中程序

C. 平等协商

D. 民主管理

5. 制定企业规章制度的步骤依次为（A）。

A. 提出议案——立项和起草——征求意见

B. 征求意见——提出议案——立项和起草

C. 立项和起草——提出议案——征求意见

D. 提出议案——征求意见——立项和起草

6. 负责起草规章制度的部门或人员，要理解将建立的规章制度的（D），结合企业的实际情况，完成草案的起草工作。

A. 程序

B. 形式

C. 主题

D. 目的

7. 规章制度草案完成后，应将形成的规章制度草案提交（B）并讨论。

A. 工会

B. 职代会

C. 董事会

D. 人事部

8. 下列不属于企业规章制度违法的后果的是（C）。

A. 行政处罚

B. 不产生效力

C. 申请破产

D. 民事赔偿责任

9. 《劳动合同法》第八十条规定，用人单位直接涉及劳动者切身利益的（D）违反法律、法规规定，给劳动者造成损害的，应当承担赔偿责任。

A. 劳动合同

B. 集体合同

C. 考核结果

D. 规章制度

10. 规章制度违反法律、行政法规的规定，损害劳动者权益的，（A）可以随时通知用人单位解除劳动合同。

A. 劳动者

B. 职工代表

C. 工会

D. 人事部

11. 规章制度违反法律、行政法规的规定，损害劳动者权益的，劳动者可以随时通知（B）解除合同。

A. 上级领导

B. 用人单位

C. 工会

D. 人事部

12. 劳动保障行政部门可以根据规章制度违反法律、法规的具体行为，作出（B）。

A. 民事赔偿

B. 行政处罚

C. 经济处罚

D. 整改措施

13. 企业规章制度是（D）在企业的延伸和具体化。

A. 劳动合同

B. 集体合同

C. 劳动合同和集体合同

D. 法律法规

14. 当企业规章制度、劳动合同、集体合同对同一问题发生矛盾时，（A）可以优先选择。

A. 劳动者

B. 董事会

C. 企业

D. 工会

15. 当劳动者就规章制度执行中的合理性问题产生争议时，可由（C）处理。

    A. 当地街道办事处

    B. 职工代表大会

    C. 仲裁委员会

    D. 公安局

16. （A）规定，公司董事会有权制定公司的基本管理制度。

    A. 公司法

    B. 劳动法

    C. 劳动合同法

    D. 工会法

17. 企业规章制度发布时一定要以（C）的名义，否则将面临主体不适的法律风险。

    A. 董事会

    B. 人事部

    C. 企业

    D. 全体职工

18. 企业规章制度在本单位范围内全面实施，劳动过程中的相关（C）都必须受规章制度约束。

    A. 劳动行为和商业行为

    B. 用工行为和商业行为

    C. 劳动行为和用工行为

    D. 劳动行为、用工行为和商业行为

19. 《劳动法》第（D）条规定："用人单位制定的劳动规章制度违反法律、法规规定的，由劳动行政部门给予警告责令改正对劳动者造成损害的，应当承担赔偿责任。"

    A. 4

B. 25

C. 87

D. 89

20.《劳动法》第（A）条规定："用人单位应当依法建立和完善规章制度，保障劳动者享有劳动权利和履行劳动义务。"

A. 4

B. 25

C. 87

D. 89

21. 用人单位应当依法建立和完善规章制度，保障劳动者（D）。

A. 权益

B. 享有劳动权利

C. 履行劳动义务

D. 享有劳动权利和履行劳动义务

22.（C）中规定了规章制度的制定与颁布应遵循的法定程序。

A.《劳动法》

B.《工会法》

C.《劳动合同法》

D.《上海市集体合同条例》

23. 企业的所有劳动规章制度都是企业的"内部法"，是（D）认可的价值观和纪律，是为企业负责的，任何人不能特殊。

A. 法律

B. 职代会

C. 董事会

D. 企业员工

24. 企业的所有劳动规章制度都是企业的"内部法"，是企业员工认可的价值观和纪律，是为企业负责的，（A）不能特殊。

A. 任何人

B. 企业员工

C. 劳动者

D. 管理者

25. 规章制度的执行是（C）的，企业劳动规章制度的执行的"严"是与企业以人为本的"宽"相对应的。

A. 可商榷的

B. 有条件的

C. 无条件的

D. 有选择的

26. 在运用规章制度处罚违纪员工时首先要遵循的原则就是以（B）为依据。

A. 法律法规

B. 事实

C. 规章制度

D. 劳动合同

27. 在处理违纪员工时，只有遵循公平和公正的原则，以及（C），才能使员工面对处理结果时心服口服。

A. 有条件的公开

B. 完全公开

C. 以教育为主

D. 以惩罚为主

28. 企业规章制度的目的在于（D）。

A. 惩罚违纪员工

B. 奖励优秀员工

C. 教育人

D. 教育人、调动员工的积极性

29. 在处理违纪员工时，应本着"（C）"的精神。

A. 以事实为依据

B. 实事求是

C. 教育为主，惩罚为辅

D. 坦白从宽，抗拒从严

30.（D），是劳动争议仲裁委员会和法院容易接纳的最有力证据。

A. 各类旁证

B. 有关物证

C. 人证

D. 违纪员工签字的书面材料

31. 员工只要有违纪事实的，都应该（C），并记录在案。

A. 口头教育

B. 作书面检讨

C. 及时处理

D. 解除合同

32. 企业对违纪员工处理的程序主要有以下步骤：（A）。

A. 违纪事实的认定及证据的收集——对照规章制度进行评估——决定处理结果——送达处理通知

B. 决定处理结果——违纪事实的认定及证据的收集——对照规章制度进行评估——送达处理通知

C. 违纪事实的认定及证据的收集——决定处理结果——对照规章制度进行评估——送达处理通知

D. 对照规章制度进行评估——决定处理结果——违纪事实的认定及证据的收集——送达处理通知

33. 如果需要对某位违纪员工经济处罚，他月收入正好为当地最低工资标准，（D）。

A. 扣除工资的10%

B. 扣除工资的20%

C. 扣除工资的30%

D. 不能扣除工资

34. 如果需要对某位违纪员工经济处罚，他当月收入比当地最低工资标准高10%，则扣除的部分不得超过（B）。

A. 9%

B. 10%

C. 12%

D. 15%

解析：此处 10% 是指超过最低工资部分，而不是针对其本人工资的百分比。

35. 某地区的最低工资标准为 1000 元，当地某企业的员工工资为 1300 元，如果他因违纪要受经济处罚，则企业最高扣除他当月（B）工资。

A. 200 元

B. 260 元

C. 300 元

D. 不能扣除合同约定的工资

36.《劳动合同法》第四条第三款规定，对规章制度或重大事项，工会或者职工认为不适当的，有权向用人单位提出，通过协商予以修改完善，并由（D）进行监督检查。

A. 工会

B. 职工

C. 工会或者职工

D. 相关政府行政部门

37.（B）对违纪解除劳动合同征求工会意见作出明确的规定。

A.《劳动法》

B.《劳动合同法》

C.《工会法》

D.《公司法》

38. 民主程序和公示是规章制度（A）的条件之一。

A. 生效

B. 必备

C. 制定

D. 执行

39. 劳动者严重违反规章制度，用人单位在解除合同时应依法通知

（D）。

    A. 职代会

    B. 董事会

    C. 企业员工

    D. 工会

40. 用人单位单方面解除劳动合同时，应当依（B）的规定，事先将解除理由通知工会或职工代表。

    A.《企业法》

    B.《劳动合同法》

    C.《仲裁法》

    D.《公司法》

41. 劳动法规政策涉及很多劳动基准方面的条款，这些条款随着（D）不断提高和变化。

    A. 国际形势

    B. 改革开放

    C. 现代化建设

    D. 经济发展水平

42. 企业的外部和内部环境变化都有可能导致（B）的改变。

    A. 员工工资

    B. 企业规章制度

    C. 集体合同

    D. 劳动合同

43. 在规章制度实施过程中，（C）认为用人单位的规章制度不适当的，有权向用人单位提出，通过协商作出修改完善。

    A. 工会主席

    B. 职工代表

    C. 工会或者职工

    D. 管理者

三、多项选择题（选择两个或两个以上正确的答案，将相应的字母填入题内的括号中）

1. 规章制度是由于现代自由经济制度的蓬勃发展所引起的资本集中化、生产规模化和（AB）的日益精细化而产生的。

A. 社会化

B. 劳动分工

C. 企业发展

D. 人员管理

E. 人事变动

2. 好的企业规章制度可以保障企业的运作（ABC）。

A. 有序化

B. 规范化

C. 降低企业经营运作成本

D. 有竞争力

E. 利益最大化

3. 制定规章制度是（AC）。

A. 用人单位依法保障劳动者的合法权益

B. 工会的权利

C. 用人单位的管理权

D. 劳动者和工会的权利

E. 用人单位的发言权

4. 根据我国现行法律法规规定，合法有效的企业规章制度及实施行为应当符合下列条件：（ABCDE）。

A. 制定程序合法

B. 内容要合法

C. 公示

D. 不得与劳动合同和集体合同相冲突

E. 不得违反公序良俗

5. 根据《劳动合同法》的规定，规章制度具备（ABC）可以作为人民法院处理劳动争议案件的依据。

A. 用人单位通过法定程序制定

B. 不违反国家法律、行政法规及政策法规

C. 并已向劳动者公示的

D. 行政劳动部门备案

6. 企业有法定义务将规章制度（ABCD）。

A. 进行公示

B. 告知劳动者

C. 进行修改

D. 及时废止

第五单元 《员工申诉与劳动争议处理》

一、判断题（将判断结果填入括号中。正确的填"√"，错误的填"×"）

1. 劳动争议是指劳动关系当事人之间发生的劳动权利义务纠纷。 （√）

2. 劳动争议是劳动关系失衡与矛盾冲突的具体表现。 （√）

3. 劳动争议当事人分双方当事人、多方当事人、第三人等。 （√）

4. 劳动争议主体的构成条件有权利能力、行为能力、责任能力。 （√）

5. 劳动争议主体是指在劳动争议法律关系中享有权利并承担义务的当事人。 （√）

6. 劳动争议主体是指在社会关系中享有权利的当事人。 （×）

解析：劳动争议主体是指法律关系中享有权利和履行义务的当事人。

7. 劳动权利能力和劳动行为能力是统一不可分的。 （√）

8. 劳动权利能力和劳动行为能力必须由本人实现。 （√）

9. 劳动权利能力和劳动行为能力受到一定的限制。 （√）

10. 劳动争议内容是指劳动关系当事人争执的劳动权利义务。 （√）

11. 劳动争议内容是指劳动关系当事人争执的劳动责任义务。 （×）

12. 劳动争议可按人数、性质分类。 （√）

解析：劳动争议按照人数分为个人和集体，按照性质分为权力和利益的争议。

13. 劳动者当事人人数为 10 人以内的劳动争议，应当由劳动者个人申请仲裁。 （√）

解析：十人以上，可以申请集体仲裁，选举三到五名代表参加仲裁。

14. 民事法律关系是指由民事法律规范所调整的社会关系，也就是由民事法律规范所确认和保护的社会关系。　　　　　　　　　　（√）

15. 民事法律关系是指由民事法律规范所调整的社会关系，也就是由民事法律规范所确认和保护的劳动关系。　　　　　　　　　　（×）

16. 民事争议指平等主体之间的公民与公民、公民与法人、法人与法人因财产或人身权利义务发生的争议。　　　　　　　　　　（√）

17. 民事争议指平等主体之间的公民与公民、公民与法人、法人与法人因财产或劳动权利义务发生的争议。　　　　　　　　　　（×）

解析： 民事争议不涉及劳动权利义务，主要是财产和人身关系。

18. 民事法律关系是平等主体之间的权利义务关系。　　　　（√）

19. 民事法律关系的内容主要是人身关系和财产关系。　　　（√）

20. 民事法律关系的内容主要是劳动关系和财产关系。　　　（×）

21. 民事法律关系的保障措施具有补偿性和财产性。　　　　（√）

22. 民事法律关系的保障措施具有无偿性和财产性。　　　　（×）

23. 民事争议的主体是非完全平等主体，劳动争议主体是平等主体。

　　　　　　　　　　　　　　　　　　　　　　　　　　（×）

解析： 民事争议主体完全平等，劳动争议主体因劳动者对用人单位有依附性，故不完全平等。

24. 民事争议的主体包括自然人、法人及其他非法人组织。当事人的民事行为能力与民事权利能力可以分离。　　　　　　　　　　（√）

25. 民事争议的主体包括自然人、法人及其他非法人组织。当事人的民事行为能力与民事权利能力不能分离。　　　　　　　　　　（×）

26. 劳动争议的主体包括劳动者和用人单位。劳动权利能力和劳动行为能力不能分离。　　　　　　　　　　　　　　　　　　　　（√）

27. 劳动争议的主体包括劳动者和用人单位。劳动权利能力和劳动行为能力可以分离。　　　　　　　　　　　　　　　　　　　　（×）

28. 民事争议适用劳动法及各项劳动法规政策。　　　　　　（×）

解析： 民事争议试用民法及民法单项法规。

29. 劳动争议适用民法及各项民事单项法规。　　　　　　　（×）

解析：劳动争议适用劳动法及劳动法单项法规。

30. 劳动争议处理就是指按照法律规定，依据一定程序，对劳动争议以协商、调解、仲裁以及审判等一系列制度予以解决的过程。　　（√）

31. 劳动争议处理基本制度是指劳动争议处理规则的总和。　　（√）

32. 企业一级集体协商与集体合同谈判制度是劳动关系当事人之间的协商制度。　　（×）

解析：集体协商与集体合同是工会代表职工与企业方的协商制度，而不是当事人之间的。

33. 劳动合同制度是劳动关系具体当事人之间的协商机制。合同履行过程中的自身协商，是维持良好劳动关系的必要条件。　　（√）

34. 法律规定在企业内部设立劳动争议调解委员会，确定劳动争议不需要由第三方，由劳动关系双方就可以自行调解的机制。　　（×）

解析：人社部关于企业劳动争议协商调解规定里明确，劳动者可以要求所在企业工会参与或者协助其与企业进行协商。工会也可以主动参与劳动争议的协商处理，维护劳动者合法权益。

35. 劳动争议的仲裁，是在调解失败的基础上进行的程序。　　（√）

36. 劳动争议的调解，是在仲裁失败的基础上进行的程序。　　（×）

解析：仲裁不服只能上诉法院。

37. 仲裁制度能够保护那些不能以平等身份得到雇主善待而处于弱者地们的劳动者的权益。　　（√）

38. 我国的劳动争议司法制度，是将劳动争议处理归入普通法院体系内的民事审判范畴。　　（√）

39. 我国的劳动争议司法制度，是将劳动争议处理归入普通法院体系内的刑事审判范畴。　　（×）

40. 员工申诉是企业将员工在工作中的抱怨、争议和纠纷通过设定的程序公开表达寻求解决的行为。　　（√）

41. 员工对于因劳动报酬、工伤医疗费、经济补偿或者赔偿金等事项的异议属于员工申诉的内容。　　（√）

42. 员工对于因辞职、工伤医疗费、经济补偿或者赔偿金等事项的异议

属于员工申诉的内容。 （×）

解析：辞职不在申诉范围内。

43. 员工申诉受理时需认真审核员工申诉的事项、理由和材料。 （√）

44. 员工申诉处理时需根据申诉事由了解事实经过，核实员工申诉内容的真假。 （√）

45. 员工申诉处理时需根据申诉内容，向相关被申诉人以及被申诉部门了解、核实情况。 （√）

46. 员工申诉处理时需会同相关职能部门协调处理方案，对员工申诉作出处理决定。 （√）

47. 员工申诉处理时需及时将处理决定反馈给员工，并征询员工对处理结果的满意度。 （√）

48. 员工申诉处理时需监督与跟踪处理决定的落实情况。 （√）

49. 员工申诉处理时对员工申诉事项做好记录，进行原因分析、总结，规范管理制度。 （√）

50. 发生劳动争议，当事人不愿意调解或在调解不成的情况下，方可提起劳动仲裁。 （×）

解析：调解不是仲裁的前置程序，当事人不想调解，可以直接申请仲裁。

51. 因确认劳动关系发生的争议属于劳动争议调解范围。 （√）

52. 因订立、履行、变更、解除和终止劳动合同发生的争议属于劳动争议调解范围。 （√）

53. 因工作时间、休息休假、社会保险、福利、培训以及劳动保护发生的争议属于劳动争议调解范围。 （√）

解析：目前关于社保的争议一般不受理。

54. 仲裁即是"公断"或居中裁断，是一种区别于司法制度的争议处理制度。 （√）

55. 劳动争议仲裁是按一定法定程序对劳动争议进行裁决的法律制度。 （√）

56. 仲裁基本原则：协议管辖、仲裁员预告和选择、不公开审理、一裁终局、司法监督等。 （√）

解析：这个是民事争议仲裁的原则，而不是劳动争议仲裁的原则。

57. 劳动争议仲裁的基本原则包括：合法性原则、公正性原则、及时性原则、着重调解原则、免费原则。 （√）

58. 各地目前设立的劳动争议仲裁院确定为仲裁委员会的办事机构；仲裁院具体负责处理劳动争议案件及承担仲裁委员会的办事职能。 （√）

59. 仲裁委员会处理劳动争议实行仲裁员、仲裁庭制度。 （√）

60. 外国人和港、澳、台人员虽未经获准擅自就业，但已经实际付出劳动，因劳动权益问题发生纠纷的，劳动争议仲裁委员会和人民法院也应予受理。 （×）

解析：外国人，港、澳、台非法就业发生争议，劳动争议仲裁委不受理。

61. 劳动者与用人单位有关是否属于工伤的争议，涉及劳动者是否能够享受工伤待遇，应当按劳动争议程序确认，而不是按行政争议程序处理。 （√）

62. 仲裁庭对申请人无正当理由拒不到庭的可以作撤诉处理。 （√）

63. 劳动争议审理中，当事人自己的陈述不可作为确定案件事实的证据。 （×）

解析：根据《民诉法》第六十三条第一项规定，当事人的陈述可以作为证据。

64. 证明责任是指在待证事实明确的情况下，主张该事实的当事人所要承担的败诉风险。 （√）

65. 当事人因不可抗力或者其他障碍致其不能在仲裁时效内提出仲裁申请，仲裁时效中止。 （√）

66. 当事人不服劳动争议仲裁委员作出的调解书向人民法院起诉，人民法院不应当受理。 （×）

解析：对已经发生法律效力的仲裁调解书人民法院不受理，未发生法律效力（如送达前）一方反悔的应当先仲裁裁决，对裁决不服还可上诉。

67. 申诉人接到通知，无正当理由拒不到庭的，按撤诉处理。 （√）

68. 劳动仲裁时效因当事人一方向对方当事人主张权利，或者因不可抗力而中断，从中断时起，仲裁时效期间重新计算。 （×）

解析：不可抗力造成时效中止。

69. 劳动争议诉讼适用先裁后审的仲裁前置原则。 （√）

70. 劳动争议诉讼适用劳动争议案件重新审理原则。 （√）

71. 劳动争议诉讼适用"民事诉讼法"处理。 （√）

72. 劳动争议诉讼的当事人包括劳动合同的双方当事人、第三人和共同被告及其他当事人。 （√）

73. 用人单位招用尚未解除劳动合同的劳动者，原用人单位以新的用人单位侵权为由向人民法院起诉的，可以列劳动者为其他当事人。 （×）

解析：此种情况应当列劳动者为第三人。

74. 用人单位招用尚未解除劳动合的劳动者，原用人单位与劳动者发生的劳动争议，可以列新的用人单位为其他当事人。 （×）

解析：此种情况也是列用人单位为第三人。

75. 劳动仲裁与一般仲裁相比：从裁决标的上看，具有针对劳动关系争议的专业性；在裁决效力上看，不具有一般仲裁裁决即生效的法律效力；从仲裁机关组成上看，具有特定的"三方性"等特点。 （√）

76. 劳动仲裁与一般仲裁相比：在裁决效力上看，虽然都具有一裁终局的法律效力，但裁决标的具有针对劳动关系争议的专业性；从裁决标的上看，不具有一般仲裁裁决即生效的法律效力；从仲裁机关组成上看，具有特定的"三方性"等证据。 （×）

解析：劳动仲裁标的从裁决效力上看具有专业性，从裁决标的上看不具有一般仲裁的即时生效的法律效力。

77. 劳动争议审理中，当事人自己的陈述不可作为确定案件事实的证据。

（×）

解析：同本章第63题。

78. 劳动争议诉讼中，人民法院对经三次以上传票传唤无正当理由拒不到庭的被告可以拘传。 （×）

解析：劳动争议中被告不来通常可以作缺席判决，刑法中常用拘传，而民法中强制到庭的很少，仅限于特定情况：1. 负有赡养、扶养、抚育义务的被告；2. 不到庭就无法查清案情的被告。另外，离婚案件的被告也应属于必须到庭的被告。根据相关规定，无正当理由两次传票传唤拒不到庭的可以拘传。

79. 劳动仲裁机关裁决的事项虽然不属于劳动争议仲裁范围，但当事人对已经发生法律效力的仲裁裁决申请执行的，人民法院也可以裁定执行。

（×）

解析：根据高院《劳动争议的司法解释一》第二十一条规定，人民法院不应裁定执行。

80. 当事人在仲裁后起诉中增加诉讼请求的，如该请求不属独立的劳动争议，人民法院不应合并审理。 （×）

解析：如果不属于独立争议可以合并审理。

81. 不服劳动争议仲裁委员会作出的裁判决书、决定书和通知书的属于劳动争议诉讼受理范围。 （√）

82. 人民法院适用简易程序审理劳动争议案件可以由一名法官进行审理。

（√）

83. 人民法院适用简易程序审理劳动争议案件由两名法官进行审理。

（×）

84. 劳动者以用人单位的工资欠条为证据直接向人民法院起诉，而该诉讼请求不涉及劳动关系其他争议的，人民法院按照普通民事纠纷处理，也不受仲裁前置程序的约束。 （√）

85. 当事人在劳动争议调解委员会主持下仅就劳动报酬争议达成调解协议，用人单位不履行调解协议确定的给付义务，劳动者直接向人民法院起诉的，人民法院可以按照普通民事纠纷受理。 （√）

86. 劳动争议案件由用人单位所在地或者劳动合同履行地的基层人民法院管辖。 （√）

87. 劳动合同履行地不明确的，由用人单位所在地的基层人民法院管辖。

（√）

88. 用人单位所在地不明确的，由劳动合同履行地的基层人民法院管辖。

（×）

解析：劳动争议案件上诉时应优先劳动合同履行地，而不是在用人单位所在地不明的情况下再选择履行地。

89. 劳动争议诉讼过程中，法院未征得双方当事人同意可以将劳动争议案件委托给人民调解组织进行调解。　　　　　　　　　　　（×）

解析：将案件委托人民调解组织调解应当征得双方当事人同意。

90. 人民法院审理劳动争议案件，必须组成合议庭进行审理。　（×）

解析：是否组成合议庭看案情的复杂程度，不是必需的。

91. 当事人一方不服作出的仲裁裁决而向人民法院起诉的，应当以对方当事人为原告。　　　　　　　　　　　　　　　　　　　（×）

解析：谁起诉，谁是原告，另一方就是被告。

92. 人民法院在两种情况下可以对争议财产实行先行扣押或查封等保全措施，一是法院认为有必要，二是经当事人申请。　　　　　　　（√）

93. 人民法院在两种情况下可以对争议财产实行先行扣押或查封等保全措施，一是法院认为有必要，二是经第三方申请。　　　　　　　（×）

94. 对于劳动仲裁部门作出的生效裁决，当事人向人民法院申请执行的，人民法院必须执行。　　　　　　　　　　　　　　　　　（√）

95. 劳动争议诉讼中基本的举证原则是举证责任倒置。　　　（×）

解析：劳动法的举证责任同民法一样，谁主张，谁举证。只有证据保留在单位的，由单位举证。

96. 民事证据包括书证、物证、视听资料、证人证言、当事人陈述、鉴定结论、勘验笔录等。　　　　　　　　　　　　　　　　　（√）

97. 证据的基本要求：客观性、关联性和合法性。　　　　　（√）

98. 证据分原始与派生证据、直接与间接证据。　　　　　　（√）

99. 结果意义上的举证责任又往往被直接称为证明责任。　　（√）

100. 举证责任的一般规则是：谁主张，谁举证。　　　　　　（√）

101. 当事人不愿自行收集的证据，可申请人民法院调查收集。（×）

解析：当事人无法自行收集的证据，人民法院可以调查收集。

102. 因证据的证明力无法判断导致争议事实难以认定的，应当依据举证责任分配的规则作出裁判。　　　　　　　　　　　　　　　（√）

103. 举证责任分配由处理机构确定。　　　　　　　　　　　（√）

104. 劳动者主张用人单位减少劳动报酬的，应就用人单位减少劳动报酬的事实举证。　　　　　　　　　　　　　　　　　　　（√）

二、单项选择题（选择一个正确的答案，将相应的字母填入题内的括号中）

1. 劳动争议是（A）失衡与矛盾冲突的具体表现。

A. 劳动关系

B. 劳动权利

C. 劳动主体

D. 劳动个体

2. 劳动争议是指劳动关系当事人之间发生的（B）义务纠纷。

A. 劳动关系

B. 劳动权利

C. 劳动主体

D. 劳动个体

3. 劳动派遣单位或者用工单位与劳动者发生劳动争议的，作为当事人的是（D）。

A. 劳务派遣单位

B. 用工单位

C. 劳动者

D. 劳务派遣单位和用工单位

4. 劳动者当事人人数为（B）以内的劳动争议，不属于法律规定的推举代表参加仲裁活动的范围。

A. 8 人

B. 10 人

C. 20 人

D. 30 人

5. 民事法律关系是平等主体之间的（A）。

A. 权利义务关系

B. 人身关系

C. 财产关系

D. 劳动关系

6. 民事法律关系的内容主要是（D）。

A. 权利义务关系

B. 人身关系

C. 财产关系

D. 人身关系和财产关系

7. 民事法律关系的保障措施具有（C）。

A. 补偿性

B. 财产性

C. 补偿性和财产性

D. 公益性

8. 民事法律关系是指由民事法律规范所调整的（D）。

A. 利益关系

B. 人身关系

C. 财产关系

D. 社会关系

9. 民事争议主要是人身关系与财产关系，劳动争议主要是与劳动过程有关的权利义务，这体现了（B）。

A. 主体不同

B. 内容不同

C. 本质不同

D. 适用法律不同

10. （A）年，《中华人民共和国劳动法》公布，运用法律手段调整劳动关系，维护企业和职工的合法权益等法制原则得到确立。

A. 1995

B. 1987

C. 1986

D. 1993

11. （D）年5月1日起，《中华人民共和国劳动争议调解仲裁法》实施。

A. 1995

B. 1987

C. 1986

D. 2008

12. （A）是劳动争议当事人协商制度维护良好劳动关系的必要条件。

A. 合同履行过程中的自身协商

B. 合同履行过程中的申诉

C. 合同履行过程后的第三方调解

D. 合同履行过程后的解除行为

13. 劳动争议当事人协商制度可以使劳动关系具体当事人（A）。

A. 相互制约

B. 相互制裁

C. 相互监督

D. 相互协作

14. 以（A）是中国劳动争议处理制度的核心制度。

A. 调解方式协调劳动关系

B. 仲裁方式协调劳动关系

C. 信访方式协调劳动关系

D. 诉讼方式协调劳动关系

15. 在企业内部设立劳动争议调解委员会，强调劳动关系双方的（A）是劳动关系双方协商机制的延续。

A. 自行调解

B. 第三方调解

C. 仲裁调解

D. 单方调解

16. 以下（D）不是《劳动争议调解仲裁法》解决劳动争议处理的基本制度。

A. 劳动争议协商制度

B. 劳动争议调解制度

C. 劳动争议仲裁制度

D. 劳动争议信访制度

17. 我国的劳动争议司法制度，是将（A）处理归入普通法院体系内的民事审判范畴。

A. 劳动争议

B. 民事争议

C. 刑事争议

D. 劳动仲裁

18. 员工申诉是员工在单位内将工作中的抱怨、争议和纠纷通过设定的程序（A）寻求解决的行为。

A. 公开表达

B. 私下表达

C. 第三方传达

D. 向当事人表达

19. 下列哪一项不属于员工申诉的内容（C）。

A. 员工对于用人单位民主管理的异议

B. 员工对于劳动报酬的异议

C. 要求离职

D. 员工对于不公正待遇的异议

20. 员工申诉受理应由（A）根据员工申诉事项的性质、危害程度以及内部机构职能，由专门部门负责受理，其他相关职能部门进行协查与配合处理。

A. 用人单位

B. 法院

C. 检察院

D. 工会

21. 员工申诉方式有（A）、信函、电话、电子邮件等方式。

A. 来访

B. 信访

C. 投诉

D. 调解

22. 员工申诉处理时需（A）将处理决定反馈给员工，并征询员工对处理结果的满意度。

A. 及时

B. 3 天内

C. 5 天内

D. 7 天内

23. 发生劳动争议，劳动者可以与用人单位自行达成（C）协议。

A. 劳动

B. 申诉

C. 和解

D. 调解

24. 下列是劳动争议调解组织的有（A）。

A. 企业劳动争议调解委员会

B. 仲裁机构

C. 工会

D. 劳动监察

25. 下列（D）不属于劳动争议调解范围。

A. 离职发生的争议

B. 辞退和辞职发生的争议

C. 劳动保护发生的争议

D. 民事赔偿发生的争议

26. 以下不是劳动争议调解原则的是（A）。

A. 强制执行原则

B. 及时调解原则

C. 依法调解原则

D. 尊重当事人申请仲裁

27. 调解委员会对调解不成的劳动争议，应出具调解不成证明书，注明调解不成的原因和日期，并在三日内以（A）形式通知申请人。

 A. 书面

 B. 邮件

 C. 电话

 D. 口述传达

28. 调解委员会对调解劳动争议，应当自当事人申请调解之日起（B）结束。

 A. 三日内

 B. 十五日

 C. 及时

 D. 七日内

29. 当事人申请调解，应当自知道或应当知道其权利被侵害之日起（A）以口头或书面形式向调解委员会提出申请。

 A. 一年内

 B. 二年内

 C. 三年内

 D. 四年内

30. 劳动争议调解当事人为劳动关系当事人，即（C）。

 A. 用人单位

 B. 劳动者

 C. 用人单位和劳动者

 D. 用人单位和政府

31. 劳动争议仲裁是按一定法定程序对劳动争议进行裁决的（A）。

 A. 法律制度

 B. 社会制度

 C. 企业制度

 D. 司法制度

32. 处理劳动争议应当组成仲裁庭，一般由（A）仲裁员组成。

A. 三名

B. 一名

C. 二名

D. 四名

33. 处理劳动争议应当组成仲裁庭，简单劳动争议案件可以指定（B）仲裁员处理。

A. 三名

B. 一名

C. 二名

D. 四名

34. 仲裁庭裁决劳动争议案件时，对（D）可以实行先行裁决。

A. 劳动工资

B. 休息休假

C. 经济补偿金

D. 部分事实清楚的

35. 劳动争议人数（B）时，应当推举代表参与劳动争议处理。

A. 3 人以上

B. 10 人以上

C. 4 人以上

D. 8 人以上

36. 发生劳动争议的劳动者一方在十人以上，并有共同请求的，（B）推举代表参加调解、仲裁或者诉活动。

A. 禁止

B. 可以

C. 应当

D. 必须

37. 终局裁决的裁决书自（D）之日起发生法律效力。

A. 收到十五日

B. 收到三十日

C. 收到十日

D. 自裁决做出之日起

38. 仲裁裁决被人民法院裁定撤销的，当事人可以自收到裁定书之日起（A）内就该劳动争议事项向人民法院提起诉讼。

A. 十五日

B. 二十日

C. 二十五日

D. 三十日

39. 根据劳动争议重新审理原则，劳动争议仲裁裁决未发生法律效力的，人民法院应当就（A）重新审理。

A. 全部争议

B. 有争议部分

C. 裁决结果

D. 根据实际情况

40. 劳动争议诉讼的处理程序适用（A），实体权利义务适用劳动法并参照劳动法规、行政规章、企业规章制度等。

A.《民事诉讼法》

B.《劳动法》

C.《刑法》

D.《劳动合同法》

41. 用人单位招用尚未解除劳动合同的劳动者，原用人单位与劳动者发生的劳动争议，新的用人单位列为（A）。

A. 第三人

B. 当事人

C. 被告

D. 其他当事人

42. 原用人单位以新的用人单位侵权为由向人民法院起诉的，可以列劳动者为（A）。

A. 第三人

B. 当事人

C. 被告

D. 其他当事人

43. 原用人单位以新的用人单位和劳动者共同侵权为由向人民法院起诉的，新的用人单位和劳动者列为（C）。

A. 第三人

B. 当事人

C. 被告

D. 其他当事人

44. 劳动者在用人单位与其他平等主体之间的承包经营期间，与发包方和承包方双方或者一方发生劳动争议，依法向人民法院起诉的，应当将承包方和发包方作为（B）。

A. 第三人

B. 当事人

C. 被告

D. 其他当事人

解析：此种情况作为共同当事人。

45. 当事人之间的劳动争议，只有在经过劳动争议仲裁机关的处理后，（A）才作为劳动争议予以受理。

A. 人民法院

B. 人民调解组织

C. 用人单位

D. 公安部门

46. 当事人对劳动争议仲裁裁决或者决定不服的，可以在劳动争议仲裁委员会送达裁决书、决定书、通知书之日起（A）内，向人民法院起诉。

A. 十五日

B. 十日

C. 七日

D. 三日

47. 当事人以劳动争议仲裁委员会超过（D）日尚未处理为由依法向人民法院起诉的，人民法院应当受理。

A. 十五

B. 二十

C. 二十五

D. 六十

48. 劳动争议仲裁委员会作出仲裁裁决后，当事人对裁决中的部分事项不服，依法向（A）起诉的，劳动争议仲裁裁决全部不发生法律效力。

A. 人民法院

B. 人民检察院

C. 仲裁委员会

D. 上一级管理部门

49. 人民法院在不予执行劳动争议仲裁裁决书的裁定书中，应当告知当事人在收到裁定书之次日起（B）内，可以就该劳动争议事项向人民法院起诉。

A. 四十五日

B. 三十日

C. 四十日

D. 五十日

50. 劳动仲裁与一般仲裁相比：从裁决标的上看，（A）。

A. 具有针对劳动关系争议的专业性

B. 不具有一般仲裁裁决即生效的法律效力

C. 具有特定的三方性

D. 具有一般仲裁裁决即生效的法律效力

51. 劳动仲裁与一般仲裁相比：从裁决效力上看，（B）。

A. 具有针对劳动关系争议的专业性

B. 不具有一般仲裁裁决即生效的法律效力

C. 具有特定的三方性

D. 具有一般仲裁裁决即生效的法律效力

52. 劳动仲裁与一般仲裁相比：从仲裁机关组成上看，（C）。

A. 具有针对劳动关系争议的专业性

B. 不具有一般仲裁裁决即生效的法律效力

C. 具有特定的三方性

D. 具有一般仲裁裁决即生效的法律效力

53. 当事人双方就同一仲裁裁决分别向有管辖权的人民法院起诉的（A）。

A. 后受理的人民法院应当将案件移送给先受理的人民法院

B. 先受理的人民法院应当将案件移送给后受理的人民法院

C. 由第三方人民法院受理

D. 由双方人民法院共同受理

54. 劳动争议诉讼处理程序适用（B）。

A.《行政诉讼法》

B.《民事诉讼法》

C.《劳动法》

D.《刑事诉讼法》

55. 当事人不服劳动争议仲裁机关裁决，应当在（D）内向人民法院起诉。

A. 三十日

B. 四十日

C. 二十日

D. 十五日

56. 下列情况当事人列明方式错误的是（D）。

A. 用人单位招用尚未解除劳动合同的劳动者，原用人单位与劳动者发生的劳动争议，可以列新的用人单位为第三人

B. 原用人单位以新的用人单位侵权为由向人民法院起诉的，可以列劳动者为第三人

C. 原用人单位以新的用人单位和劳动者共同侵权为由向人民法院起诉的，新的用人单位和劳动者列为共同被告

D. 劳动者起诉用人单位的，列原作出仲裁裁决的劳动争议仲裁委员会为第三人

57. 用人单位与其他单位合并的，合并前发生的劳动争议，由（A）为当事人。

A. 合并后的单位

B. 合并前的单位

C. 原用人单位

D. 其他单位

58. 对于工伤保险待遇给付数额的争议，人民法院（C）。

A. 以不属于人民法院主管范围为由，不予受理

B. 可以受理，但只能支持当事人诉请或回其诉请，不能作其他处理

C. 可以直接判决变更

D. 可以受理也可以不受理

解析：高院《劳动争议司法解释（一）》第二十条："对于追索劳动报酬、养老金、医疗费以及工伤保险待遇、经济补偿金、培训费及其他相关费用等案件，给付数额不当的，人民法院可以予以变更。"

59. 劳动争议诉讼中，原用人单位以新的用人单位侵权为由向人民法院起诉的，可以列（C）为第三人。

A. 原用人单位

B. 新的用人单位

C. 劳动者

D. 仲裁委员会

解析：高院《劳动争议司法解释（一）》第十一条："用人单位招用尚未解除劳动合同的劳动者，原用人单位与劳动者发生的劳动争议，可以列新的用人单位为第三人。原用人单位以新的用人单位侵权为由向人民法院起诉的，可以列劳动者为第三人。"

60. 人民法院在什么情况下可以对争议财产实行先行扣押或查封等保全措施（A）。

A. 法院认为有必要或经当事人申请

B. 仲裁机构申请

C. 被告可能转移财产的

D. 被告拒不到庭的

解析:《民诉法》第一百条规定:"人民法院对于可能因当事人一方的行为或者其他原因,使判决难以执行或者造成当事人其他损害的案件,根据对方当事人的申请,可以裁定对其财产进行保全、责令其作出一定行为或者禁止其作出一定行为;当事人没有提出申请的,人民法院在必要时也可以裁定采取保全措施。"

61. 属于法律规定终局裁决范围内的争议,用人单位有证据证明仲裁裁决有适用法律、法规确有错误的,可以自收到仲裁裁决书之日起(A)内向劳动争议仲裁委员会所在地的中级人民法院申请撤销裁决。

A. 三十日

B. 四十日

C. 五十日

D. 六十日

解析:《劳动争议调解仲裁法》第四十九条:"用人单位有证据证明本法第四十七条规定的仲裁裁决有下列情形之一,可以自收到仲裁裁决书之日起三十日内向劳动争议仲裁委员会所在地的中级人民法院申请撤销裁决。"

62. 劳动争议诉讼中,根据当事人的申请或者人民法院认为有必要时,对仲裁委员会作出的给付劳动报酬的情况称作(B)。

A. 先予给付

B. 先予执行

C. 诉讼保全

D. 财产查封

63. 被申请人提出证明劳动争议仲裁裁决书裁决的事项不属于劳动争议仲裁范围,或者劳动争议仲裁机构无权仲裁的,经审查核实的,人民法院可以裁定(B)。

A. 可以执行

B. 不予执行

C. 应当执行

D. 由法院决定是否执行

64. 被申请人提出证明劳动争议仲裁裁决书裁决适用法律确有错误的，经审查属实的，人民法院可以裁定（B）。

A. 可以执行

B. 不予执行

C. 应当执行

D. 由法院决定是否执行

65. 被申请人提出证明劳动争议仲裁员仲裁该案时，有徇私舞弊、枉法裁决行为的，经审查核实的，人民法院可以裁定（B）。

A. 可以执行

B. 不予执行

C. 应当执行

D. 由法院决定是否执行

66. 人民法院认定执行劳动争议仲裁裁决违背社会公共利益的，可以裁定（B）。

A. 可以执行

B. 不予执行

C. 应当执行

D. 由法院决定是否执行

67. 书证应提交（A）。

A. 原件

B. 复印件

C. 传真件

D. 电子照片

68. 一般作为辅证的证据有（A）。

A. 证人证言

B. 书证

C. 视听资料

D. 物证

69. 物证应当提交（A）。

A. 原物

B. 复制品

C. 产地证

D. 电子照片

70. 因用人单位作出的开除、除名、辞退、解除劳动合同、减少劳动报酬、计算劳动者工作年限等决定而发生的劳动争议，（C）负举证责任。

A. 劳动者

B. 两者均

C. 用人单位

D. 第三方

71. 当事人对反驳对方诉讼请求所依据的事实（C）提供证据加以证明。

A. 可以

B. 必须

C. 有责任

D. 无须

72. 当事人对对方诉讼请求所依据的事实（C）提供证据加以证明。

A. 可以

B. 必须

C. 有责任

D. 无须

73. 当事人在诉讼过程中对众所周知的事实（A）提供证据加以证明。

A. 无须

B. 必须

C. 可以

D. 由法院决定

74. 当事人在诉讼过程中对自然规律及定理（A）提供证据加以证明。

A. 无须

B. 必须

C. 可以

D. 由法院决定

75. 当事人在诉讼过程中对根据法律规定或者已知事实和日常生活经验法则能推定出的另一事实（A）提供证据加以证明。

A. 无须

B. 必须

C. 可以

D. 由法院决定

76. 当事人在诉讼过程中对已为人民法院发生法律效力的裁判所确认的事实（A）提供证据加以证明。

A. 无须

B. 必须

C. 可以

D. 由法院决定

77. 当事人在诉讼过程中对已为仲裁机构的生效裁决所确认的事实（A）提供证据加以证明。

A. 无须

B. 必须

C. 可以

D. 由法院决定

78. 当事人在诉讼过程中对已为有效公证文书所证明的事实（A）提供证据加以证明。

A. 无须

B. 必须

C. 可以

D. 由法院决定

79. （A）或者违反法律禁止性规定的方法取得的证据，不能作为认定案件事实的依据。

A. 以侵害他人合法权益

B. 众所周知的事实

C. 自然规律及定理

D. 根据法律规定或者已知事实和日常生活经验法则能推定出的另一事实

80. 劳动争议证据规则的特别规定包括劳动争议举证责任、（A）、证明标准等。

A. 当事人举证责任分配

B. 第三方举证责任分配

C. 掌握相关材料的一方举证责任分配

D. 委托举证责任分配

81. 因用人单位作出的除名决定而发生的劳动争议由（A）负举证责任。

A. 用人单位

B. 劳动者

C. 双方都有举证责任分配

D. 由掌握相关材料的一方承担举证责任

82. 因用人单位作出的辞退决定而发生的劳动争议由（A）负举证责任。

A. 用人单位

B. 劳动者

C. 双方都有举证责任分配

D. 由掌握相关材料的一方承担举证责任

83. 因用人单位作出的解除劳动合同决定而发生的劳动争议由（A）负举证责任。

A. 用人单位

B. 劳动者

C. 双方都有举证责任分配

D. 由掌握相关材料的一方承担举证责任

84. 因用人单位作出的减少劳动报酬决定而发生的劳动争议由（A）负举证责任。

A. 用人单位

B. 劳动者

C. 双方都有举证责任分配

D. 由掌握相关材料的一方承担举证责任

85. 劳动者对用人单位计算工作年限有异议而发生的劳动争议（A）负举证责任。

A. 用人单位

B. 劳动者

C. 双方都有举证责任分配

D. 由掌握相关材料的一方承担举证责任

86. 用人单位延期支付工资，劳动者主张用人单位无故拖欠工资的，用人单位应就延期支付工资的（A）进行举证。

A. 原因

B. 结果

C. 过程

D. 书面材料

87. 劳动者主张加班工资的，用人单位应就劳动者（A）的记录举证。

A. 实际工作时间

B. 实际休息时间

C. 计划工作时间

D. 计划休息时间

88. 双方当事人均无法证明劳动者实际工作时间的，用人单位就劳动者所处的工作岗位的（A）情况举证。

A. 一般加班

B. 一般工作

C. 一般休息

D. 实际加班

89. 因用人单位作出的开除、除名、辞退、解除劳动合同、减少劳动报酬、计算劳动者工作年限等决定而发生的劳动争议，由（D）承担举证责任。

A. 原告

B. 被告

C. 劳动者

D. 用人单位

90. 劳动者主张用人单位减少劳动报酬的，应就用人单位减少劳动报酬的（A）举证。

A. 事实

B. 原因

C. 结果

D. 过程

三、多项选择题（选择两个或两个以上正确的答案，将相应的字母填入题内的括号中）

1. 劳动争议代理人是指基于法定或委托形成的代理权代表当事人参与（ABE）的公民或法人。

A. 仲裁

B. 诉讼活动

C. 劳务派遣

D. 劳动关系

E. 劳动纠纷

2. 劳动争议代理人有以下种类：（BC）。

A. 根据法律直接规定而产生的法定代理人

B. 按照被代理人委托的事项和权限实施代理行为的委托代理人

C. 由人民法院仲裁机关依法指定而产生的指定代理人

D. 第三人相信行为人有代理权所产生的表见代理人

E. 委托代理人自行转委托产生的转委托代理人

3. 劳动争议的特征有（ABCD）。

A. 国家强制性

B. 国家的确认

C. 劳动权利义务相互联系

D. 劳动权利义务相互制约

E. 受国家保护

4. 民事争议指平等主体之间的（ABC）因财产或人身权利义务发生的争议。

　　A. 公民与公民

　　B. 公民与法人

　　C. 法人与法人

　　D. 公民与国家

　　E. 法人与国家

5. 劳动争议与民事争议的区别主要在于（ABD）。

　　A. 主体不同

　　B. 内容不同

　　C. 本质不同

　　D. 适用法律不同

　　E. 方法不同

　　解析：劳动争议的主体是单位和个人，而民事争议可以是个人和个人、个人和法人、法人和法人。争议的内容：劳动争议是劳动关系中的权利和义务，而民事争议主要是人身和财产，从法律上看，劳动争议适用劳动法，而民事争议适用民法。

6. 员工申诉方式有（ACE）电子邮件等方式。

　　A. 来访

　　B. 信访

　　C. 信函

　　D. 调解

　　E. 电话

7. 依据《劳动争议调解仲裁法》的规定，发生劳动争议，劳动者可以请（AE）与单位协商，达成和解协议。

　　A. 工会

　　B. 仲裁机构

　　C. 行政机关

D. 劳动监察

E. 第三人

8. 企业劳动争议调解委员会可以由（AC）组成。

A. 职工代表

B. 政府代表

C. 企业代表

D. 法律顾问

E. 股东代表

9. 以下非企业劳动争议调解委员会成员的是（BDE）。

A. 职工代表

B. 政府代表

C. 企业代表

D. 法律顾问

E. 股东代表

10. 劳动争议调解原则有（ABCD）。

A. 当事人自愿原则

B. 及时调解原则

C. 依法调解原则

D. 尊重当事人申请仲裁

E. 提起诉讼的权利原则

11. 调解委员会对下列情况之一的，视为调解不成：（ABCD）。

A. 对方当事人不愿调解的

B. 经调解双方未能达成一致协议的

C. 超过期限未能调解结束的

D. 达成调解协议后，一方当事人在协议约定期限内不履行调解协议的

E. 达成调解协议后，一方当事人在协议约定期限内履行调解协议的

12. 劳动争议仲裁的基本原则包括（ABCDE）。

A. 合法性原则

B. 公正性原则

C. 及时性原则

D. 着重调解原则

E. 免费原则

13. 仲裁基本原则包括（ABCDE）。

A. 协议管辖

B. 仲裁员预告和选择

C. 不公开审理

D. 一裁终局

E. 司法监督

解析：此为民事仲裁的原则，不是劳动仲裁的原则。

14. 劳动仲裁员有下列情形之一的，应当回避（ABCDE）。

A. 是劳动争议当事人或者当事人、代理人的近亲属的

B. 与劳动争议有利害关系的

C. 与劳动争议当事人、代理人有其他关系，可能影响公正仲裁的

D. 私自会见当事人、代理人，或者收受当事人、代理人的请客送礼的

E. 与当事人有其他关系的

15. 劳动争议仲裁庭在（ABDE）情况下根据当事人的申请，可以裁决先予执行，移送人民法院执行。

A. 追索劳动报酬

B. 赔偿金

C. 计划生育待遇

D. 经济补偿

E. 工伤医疗费

16. 仲裁庭对（ACDE）的案件，根据当事人的申请，可以裁决先予执行，移送人民法院执行。

A. 追索劳动报酬

B. 追缴社会保险费

C. 追索工作医疗费

D. 追索经济补偿

E. 追索赔偿金

17. 劳动争议仲裁时效，因（BCD）情况中断。

A. 不可抗力

B. 向有关部门请求权利救济

C. 对方当事人同意履行义务

D. 当事人一方向对方当事人主张权利

E. 劳动者有正当理由

解析： 不可抗力和正当理由是时效的中止。

18. 下列追索标的不超过当地月最低工资标准十二个月金额的（ABDE）劳动争议的仲裁裁决为终局裁决。

A. 劳动报酬

B. 工伤医疗费

C. 违约金

D. 经济补偿金

E. 赔偿金

19. 劳动仲裁受理案件时要审查以下要素：（BCE）。

A. 申诉人是否与本案有直接利害关系

B. 申请仲裁的劳动争议是否属于仲裁委员会的受理范围

C. 该劳动争议是否属于本仲裁委员会管辖

D. 有关材料是否齐备

E. 是否符合时效规定

20. 用人单位与劳动者因（ADE）发生的纠纷，适用《劳动争议调解仲裁法》。

A. 确认劳动关系

B. 订立集体合同

C. 交纳住房公积金

D. 支付经济补偿金

E. 终止劳动合同

21. 劳动争议的诉讼主体包括（BC）。

A. 人民法院

B. 劳动者

C. 用人单位

D. 劳动仲裁机关

E. 人民调解委员会

22.《劳动争议仲裁法》规定的劳动争议处理机构包括（ABC）。

A. 人民法院

B. 劳动争议仲裁委员会

C. 劳动争议调解委员会

D. 工会

E. 政府部门

23. 人民法院审理劳动争议案件的合议庭可以由下列哪些人员组成：（ABC）。

A. 法官

B. 书记员

C. 人民陪审员

D. 仲裁员

E. 代理人

24. 下列关于劳动仲裁与劳动争议诉讼衔接的说法，正确的有哪些：（CDE）。

A. 劳动争议仲裁委员会以当事人的仲裁申请超过六十日期限为由作出不予受理的书面裁决，当事人不服依法向人民法院起诉的，人民法院应当受理

B. 劳动争议仲裁委员会以申请仲裁的主体不适格为由作出不予受理的书面裁决，当事人不服依法向人民法院起诉的，人民法院应当受理

C. 劳动争议仲裁委员会为纠正原仲裁裁决错误重新作出裁决，当事人不服依法向人民法院起诉的，人民法院应当受理

D. 当事人在仲裁后起诉中增加诉讼请求的，如该诉讼请求与讼争的劳动争议具有不可分性，人民法院应当合并审理

E. 劳动争议仲裁委员会仲裁的事项不属于人民法院受理的案件范围，当事人不服，依法向人民法院起诉的，人民法院裁定不予受理或者驳回起诉

解析： 参见最高法院关于劳动争议最高人民法院《关于审理劳动争议案件适用法律若干问题的解释（一）》第四条到第七条。注意第三条内容已经过时，现在仲裁时效是一年而不是六十天。

25. 当事人在仲裁后起诉中增加诉讼请求的，应当：（AC）。

A. 如该诉讼请求与讼争的劳动争议具有不可分性，人民法院应当合并审理

B. 无论该诉讼请求与讼争的劳动争议是否具有不可分性，人民法院都应当合并审理

C. 如该诉讼请求与讼争的劳动争议可分，则人民法院无须合并审理

D. 即使该诉讼请求与讼争的劳动争议可分，人民法院也应当合并审理

E. 无论该诉讼请求与讼争的劳动争议是否具有不可分性，人民法院都应当首先调解，在调解不成的情况下，都应当合并审理

26. 劳动仲裁与一般仲裁相比：（ABC）。

A. 从裁决标的上看，具有针对劳动关系争议的专业性

B. 在裁决效力上看，不具有一般仲裁裁决即生效的法律效力

C. 从仲裁机关组成上看，具有特定的三方性

D. 从裁决标的上看，不具有一般仲裁裁决即生效的法律效力

E. 在裁决效力上看，具有针对劳动关系争议的专业性

27. 属于法律规定终局裁决范围内的争议，用人单位有证据证明仲裁裁决有（ABCDE）下列情形之一，可以自收到仲裁裁决书之日起三十日内向劳动争议仲裁委员会所在地的中级人民法院申请撤销裁决。

A. 适用法律、法规确有错误的

B. 劳动争议仲裁委员会无管辖权的

C. 违反法定程序的

D. 裁决所根据的证据是伪造的

E. 对方当事人隐瞒了足以影响公正裁决的证据的

28. 当事人申请人民法院执行劳动争议仲裁机构作出的发生法律效力的裁决书、调解书，被申请人提出证据证明劳动争议仲裁裁决书、调解书有以下哪些情形之一的，并经审查核实的，人民法院可以不予执行：（ABCDE）。

A. 裁决的事项不属于劳动争议仲裁范围

B. 适用法律确有错误的

C. 仲裁员仲裁该案时，有徇私舞弊、枉法裁决行为的

D. 人民法院认定执行该劳动争议仲裁裁决违背社会公共利益的

E. 劳动争议仲裁机构无权仲裁的

29. 对依法生效的仲裁机构的裁决，一方当事人不履行的，对方当事人可以向（ABE）的人民法院申请执行。

A. 被执行人住所地

B. 被执行的财产所在地

C. 作出生效裁决的仲裁机关所在地

D. 申请执行人住所地

E. 被执行人单位所在地

30. 人民法院处理劳动争议案件可以适用下列哪些程序进行：（ABCD）。

A. 督促程序支付令

B. 普通程序

C. 简易程序

D. 执行程序

31. 关于劳动争议证据规则，以下说法正确的是：（ABCDE）。

A. 当事人对自己提出的诉讼请求所依据的事实，有责任提供证据加以证明

B. 或者反驳对方诉讼请求所依据的事实，有责任提供证据加以证明

C. 当事人应当在举证期限内提交证据材料

D. 未经质证的证据，不能作为认定案件事实的依据

E. 没有证据或者证据不足以证明当事人的事实主张，由负有举证责任的当事人承担败诉的不利后果

32. 下列（ABCDE）属于劳动争议诉讼中当事人无须举证的情形。

A. 众所周知的事实

B. 自然规律及定理

C. 根据法律规定或者已知事实和日常生活经验法则能推定出的另一事实

D. 已为人民法院发生法律效力的裁判所确认的事实

E. 已为仲裁机构的生效裁决所确认的事实

解析：根据《最高人民法院关于民事诉讼证据的若干规定》第九条规定，下列事实当事人无须举证证明：

（一）众所周知的事实；

（二）自然规律及定理；

（三）根据法律规定或者已知事实和日常生活经验法则能推定出的另一事实；

（四）已为人民法院发生法律效力的裁判所确认的事实；

（五）已为仲裁机构的生效裁决所确认的事实；

（六）已为有效公证文书所证明的事实。

33. 因用人单位作出的（ABCDE）等决定而发生的劳动争议，由用人单位承担举证责任。

A. 开除、除名

B. 计算劳动者工作年限

C. 辞退

D. 解除劳动合同

E. 减少劳动报酬

各章节知识要点梳理

第一章　劳动关系概论

一、劳动关系的特征

（一）标准的劳动关系必须要符合以下条件

1. 劳动关系主体合法。

（1）主体包括用人单位合法的定义包括：

a. 合法注册登记。包括中国境内的企业、个体经济组织、民办非企业、国家机关、事业单位、社会团体、会计事务所、律师事务所等合伙组织和基金会以及分支机构依法取得执照或者登记证书。

b. 有用工权。外国公司常驻中国代表机构、驻华外交机构、外国金融机构常驻代表机构、外国新闻代表机构等，不能作为法律意义上的用工单位，必须通过劳务派遣用工。

（2）主体还包括劳动者合法：

a. 在合法年龄段内。男性 16 ~ 60 岁，女性 16 ~ 50 岁（一线职工）或 16 ~ 55 岁（女干部、管理技术岗位）。

b. 身份合法。一些受身份限制的人不能成为劳动者，如现役军人、在校学生、退休人员等。

c. 有劳动能力。

2. 有用工行为。根据劳动合同法规定，劳动关系自用工之日起建立。

3. 有书面劳动合同。

（二）事实劳动关系确认

在缺失劳动合同的情形下，按照以下特征确定劳动关系。

1. 劳动关系主体合法。

2. 用人单位的各项规章制度适用于劳动者，劳动者在用人单位的管理下，从事有报酬的劳动。

3. 劳动者提供的劳动是用人单位的业务组成。

二、劳动关系分类

（一）全日制劳动关系

特点：劳动报酬一般按月支付；适用全部劳动法律法规；劳动者需要亲自履行；单位缴纳社保。

（二）非全日制劳动关系

特点：以小时为单位给付劳动，支付报酬。除了最低小时工资，基本社保外，其他可以约定。不适用其他劳动法律强制标准。

工资支付周期最长 15 天，工作时间每天不超过 4 小时，每周不超过 24 小时。

劳动合同既可以书面也可以口头订立；无试用期；任何一方通知另一方即可中止劳动合同；无须支付经济补偿。

（三）劳务派遣情形下的劳动关系

特点：三方主体，用工不用人，用人不用工。用工单位与劳务派遣单位签订派遣协议，建立民事关系。劳务派遣单位和劳动者签订劳动合同，建立劳动关系。劳务派遣公司和劳动者签订至少两年合同，被退回期间的劳动者劳务派遣公司必须按月支付最低工资。

三、劳动关系的调整方式

（一）法律强制调整

（二）单位内部调整

1. 集体协商。

2. 用人单位规章制度调整。

3. 用人单位和劳动者个体调整。

（三）劳动合同和集体合同的区别

1. 合同主体不同。

劳动合同由单位和个人签订。

集体合同由工会或者职工代表和单位签订。

2. 合同内容区别。

劳动合同有必备条款。

集体合同内容双方协商确定。

3. 合同效力的区别。

劳动合同只适用用人单位和劳动者。

集体合同效力则及于用人单位和全体劳动者。

4. 合同生效条件的区别。

劳动合同双方签字盖章生效。

集体合同要符合相应程序，最后报劳动部门审查后生效。

5. 救济形式不同。

劳动合同签订阶段发生争议，劳动关系不成立。履行阶段发生争议，可以通过劳动保障部门或劳动争议仲裁诉讼处理。

集体合同签订阶段发生争议，既可以通过上级工会，劳动保障部门协调指导，履行阶段发生争议，也可以通过劳动争议程序处理。

四、劳动关系的救济

（一）劳动监察

1. 监察对象，用人单位、职介机构、职业培训机构和技能考核机构。

2. 监察内容，签订劳动合同及制定规章制度的情况；用人单位遵守劳动标准的情况；女职工及未成年工保护情况；工资发放情况；社保缴纳情况；职业介绍、职业培训和职业考核；法律、法规规定的其他事项。

3. 劳动监察程序，受理和立案、调查和检查、案件处理。

（二）劳动争议处理

协商、调解、仲裁、诉讼。

（三）劳动监察和劳动争议仲裁的区别

1. 性质区别：劳动监察体现公法介入，劳动仲裁属于居中公断。

2. 对象区别：劳动监察只监察单位，劳动仲裁对象单位、个人、第三人、其他参加人。

3. 机构区别：劳动监察为国家机关劳动争议为劳动争议仲裁委员会。

4. 程序区别：劳动监察可以主动依法启动，劳动争议仲裁必须一方提出申请。

案例学习

案例 1

小张、小李和小王是高中同班同学，2013 年高中毕业后，已年满 18 周岁的小张因高考成绩不理想便直接就业，与本市 A 餐饮公司平等协商后订立劳动合同，进入公司从事餐厅服务员工作。小李考上大学后通过校勤工俭学办公室介绍，到 A 公司担任实习服务员。小王高中毕业后则与一家劳务公司签订劳动合同，由派遣公司派遣至 A 公司工作，岗位为洗碗工。2014 年 8 月初，由于小李未经过系统培训，工作中多次出现差错，A 公司决定不再聘用小李，小李不服与公司经理交涉，小张和小王也帮忙求情。A 公司认为小李无法胜任工作，小张和小王不尊重公司领导，遂将三人辞退。小张、小李和小王提起劳动仲裁申请，认为 A 公司辞退三人属于违法解除劳动合同，要求 A 公司支付违法解除劳动合同的赔偿金。

试题要求：

1. 小张与 A 公司是否建立了劳动关系？为什么？

2. 小李与 A 公司是否建立了劳动关系？为什么？

3. 小王与 A 公司是否建立了劳动关系？为什么？

试题解析：

本题主要考核劳动关系认定的要点。

参考答案：

1. 小张与 A 公司建立劳动关系，因为：①主体合法，公司是合法组织有用工权。小张年龄合法，身份单一，有劳动力。②直接招聘进公司，有用工行为。③签订书面劳动合同。

2. 小李是在校生，因主体不符合规定，所以和单位不建立劳动关系，而是实习关系。

3. 小王与 A 公司不建立劳动关系。因为小王是通过劳务派遣的形式到 A 公司用工，劳务工与劳务公司建立劳动关系，与实际用工单位建立派遣用工关系。

案例 2

王某是本市户籍失业人员，2012 年 8 月，本市某机械装备公司的销售员刘某持公司开具的介绍信到王某所在居委会要求招聘一名设备维修工，居委会与就业援助员将失业的王某推荐给了刘某，刘某让其到机械装备公司工作，并一直工作到 2015 年 4 月。其间，王某与机械公司一直没有签订劳动合同，但依据口头协定，王某一直担任公司的设备工，月工资 2500 元，以现金形式支付。2015 年 4 月 15 日，公司以王某给公司造成了重大损失为由将王某辞退，并发放了当月的工资。王某承认确实因其工作不当给公司造成了重大损失，但认为公司一直未与其签订书面劳动合同，也没有提前一个月通知其解除劳动合同，违反了法律规定，遂提起劳动仲裁，要求公司支付自 2012 年 9 月至 2013 年 8 月未签订劳动合同的双倍工资差额，要求公司支付一个月工资的补偿金。装备公司认为王某系刘某个人招用的兼职维修工，与公司并无劳动关系，不同意王某的请求。

试题要求：

1. 作为自然人，刘某能否与王某建立劳动关系？为什么？

2. 王某与机械装备公司之间是否存在劳动关系？为什么？

3. 王某要求机械装备公司额外支付一个月工资作为补偿金的请求能否得到支持？为什么？

试题解析：

本题考核事实劳动关系的确认及劳动合同解除经济补偿金的支付。

参考答案：

1. 自然人刘某和王某不建立劳动关系，因为主体不合法。劳动关系只能在用人单位和个人之间建立。

2. 王某和机械公司建立劳动关系，因为双方符合劳动法中关于合同主体的定义。王某在机械公司的管理下从事有报酬劳动，提供的劳动也是公司的业务组成，而且招用王某是持公司的介绍信，代表公司的行为，所以双方构成劳动关系。

3. 王某要求机械公司额外支付一个月经济补偿不能支持，因为根据劳动合同法，劳动者营私舞弊或者玩忽职守给单位造成重大损失的，可以即时解除，不需要提前通知也不需要支付经济补偿金，王某对造成损失的事实确认无误，这种情况下王某要求补偿金将得不到支持。

第二章　劳动标准法律制度

一、我国劳动标准的立法概括

1950 年《工资条例（草案）》；

1951 年《中华人民共和国劳动保险条例》；

1955 年《蒸汽锅炉安全监察规程》；

1956 年《关于劳动就业问题的决定》；

1956 年《工厂安全卫生规程》；

1956 年《建筑安装工程安全技术规程》；

1956 年《工人职员伤亡事故报告规程》。

二、工时制度

（一）标准工时

每天不超过 8 小时，每周不超过 40 小时。

（二）特殊工时

综合计算工时，周期有周、月、季、年。

不定时工时制，没有固定工作时间的制度。

此两种需要行政审批。

缩短工时制度，针对特殊岗位如高温低温、有毒有害、特别繁重体力岗位。工作时间应当短于 8 小时。

三、休息休假制度

（一）公休日

每周休息两天。

（二）法定假

11 天，包括元旦 1 天，春节 3 天，清明节 1 天，五一节 1 天，端午节 1 天，中秋节 1 天，国庆节 3 天。

（三）部分公民放假日

三八妇女节、儿童节、五四青年节、建军节。符合条件的公民放假。

（四）少数民族节日

地方政府规定。

（五）年休假和探亲假

根据国家相关规定。

（六）延长工时制度

1. 程序限制：需要工会和劳动者协商一致。

2. 时数限制：每天不超过 1 小时，特殊情况不超过 3 小时，每月不超过 36 小时。

3. 报酬限制：平时加班 150%，双休 200%，法定 300%。

计件工资的加班费在完成了定额前提下，平时加班按照单价 150%，双休日加班按照单价 200%，法定 300%。

综合计算工时制的加班费标准：平时、双休加班都是 150%，法定假加班 300%。

不定时工时制加班费计算标准：平时、双休不算加班，法定假加班 300%。

4. 主体限制：怀孕 7 个月以上和哺乳期女职工，不安排加班。

（七）加班加点基数确定

《上海市企业工资支付办法》第九条规定。

（八）加班特殊规定

1. 自然灾害。

2. 抢修设备。

3. 设备检修。

4. 国防任务。

5. 其他情况。

这几种情况不受程序限制和时间限制。但仍然要按照规定支付加班费。

四、工资制度

（一）定义

工资可定义为用人单位根据国家法规，集体合同、劳动合同的预先规定，以法定的形式，直接支付给本单位劳动者的劳动报酬。

（二）工资组成

计时工资、计件工资、奖金、津贴、补贴、特殊情况下支付的工资。

（三）最低工资

劳动者提供了正常劳动，用人单位应当支付不低于最低工资标准的工资报酬。

最低工资不包含的项目：①加班费；②特殊岗位津贴；③福利津贴（车、房、饭贴）；④个人缴纳的社保和公积金。

五、劳动安全卫生制度

（一）劳动安全卫生设施

劳动法规定"新建、改建、扩建工程的劳动安全卫生设施必须与主体工程同时设计，同时施工、同时投入生产和使用"。

（二）劳动安全卫生条件

1. 防护用品按照防护部位分为九类：①安全帽类；②呼吸具类；③眼防护类；④听力护具类；⑤防护鞋类；⑥防护手套类；⑦防护服类；⑧防坠落护具类；⑨护肤用品类。

2. 职业病防护：用人单位对从事有职业危害的劳动者定期进行健康检查，是防治职业病的重要内容。职业病分为132种。

3. 保健食品既不是职工福利也不是职工工资，而是一项劳动安全卫生的辅助措施。

（三）劳动安全卫生教育

1. 三级教育。

2. 特殊工种专门教育。

3. 经常性教育。

4. 负责人员教育。

（四）生产安全事故的报告和处理

1. 事故的分类：按照等级分为一般事故，较大事故，重大事故。

2. 生产安全事故的处理：①生产安全事故的报告；②生产安全事故的调查；③生产安全事故的处理。

（五）女职工、未成年工保护

1. 不得安排女职工在怀孕期间从事国家规定的第三季体力劳动强度的劳动合孕期禁忌从事的劳动。对怀孕 7 个月以上的女职工，不得安排其延长工作时间和夜班劳动。产检时间算作劳动时间。

2. 女职工生育享受 98 天产假，4 个月以下流产的享受 15 天产假，4 个月以上流产的，享受 42 天产假。

3. 哺乳期内，不从事三级体力劳动强度的工作，不安排其延长工作时间和夜班劳动。

4. 未成年工不得安排从事矿山井下、有毒有害、国家规定的四级体力劳动强度的劳动和其他禁忌从事的劳动。

案例学习

案例 1　加班工资支付的规定

A 公司对某些工作岗位向劳动保障行政部门办理了不定时工时制度，王某的工作岗位属于 A 公司实行不定时工时制度的岗位。A 公司和王某终止劳动合同后，王某向仲裁委员会申请仲裁，认为 A 公司未向其支付加班费，但其平时工作日、双休日、法定节假日都存在加班，要求公司支付其工作日、双休日和法定节假日的加班工资。但公司认为王某的工作岗位已经申请了不定时工时制度，不应支付加班工资。

试题要求：

1. 王某的哪些要求符合规定？

2. 在标准工时下，加班工资的计发标准是什么？

3. 在不定时工时制下，加班工资的计发标准是什么？

试题解析：

本题主要考核不同工时制度下加班工资的计算。

参考答案：

1. 王某要求支付法定节假日加班工资的要求符合规定，根据《劳动法》及《上海市企业工资支付办法的规定》，法定节假日安排加班的，应当支付不低于劳动者本人日或小时工资的300%。

2. 标准工时制度下加班工资支付标准：

（1）安排劳动者在法定标准工作时间以外延长工作时间的，按照不低于劳动者本人小时工资的150%支付；

（2）安排劳动者在休息日工作，而又不能安排补休的，按照不低于劳动者本人日或小时工资的200%支付；

（3）安排劳动者在法定休假节日工作的，按照不低于劳动者本人日或小时工资的300%支付。

3. 不定时工时制度下，加班工资支付标准为：在法定休假节日由企业安排工作的，按照不低于劳动者本人日或小时工资的300%支付。

案例 2　延长工时制度的应用

同前案例 1 - 3（略）。

案例 3　最低工资的构成

2015 年 9 月，杨某与上海甲公司签订了劳动合同，担任文秘一职。双方约定杨某的月薪为税后 3000 元，其中基本工资 2000 元，伙食补贴和交通费补贴各为 500 元，合同期限一年，从 2015 年 10 月 1 日至 2016 年 9 月 30 日，其中 2015 年 10 月 1 日至 2015 年 12 月 31 日为试用期。

2016 年 3 月 20 日，杨某突然感到身体不适，未经请假便离开了公司去医院检查，结果未能及时确认一份商业电函，致使公司损失了一份重要的订单合同，事后，甲公司决定辞退杨某。杨某提出，经医院检查证实自己已怀孕 2 个月，法律对怀孕女职工有保护，公司不得辞退。杨某向甲公司出示了医院开具的相关单据，但甲公司未予理睬，仍然对杨某做出了辞退决定，杨某不服，于是申请劳动仲裁。

试题要求：

1. 杨某与甲公司签订的劳动合同内容是否合法？为什么？

2. 公司能否辞退杨某，为什么？

考核要点：

本试题考核要点比较综合，主要涉及最低工资的组成、劳动合同约定条款中关于试用期的规定以及解除劳动合同的条件。

参考答案：

1. 杨某与公司签订的劳动合同内容不合法，主要涉及：①最低工资的约定标准不合法。按照上海市规定，最低工资中剔除个人缴纳的社保、公积金、住房补贴、交通补贴、伙食补贴、特殊岗位的津贴、中夜班津贴、加班费后不能低于最低标准，2015 年上海最低工资标准为 2020 元，杨某的工资里扣除最低工资扣除项目后低于最低标准，所以不合法。②试用期不合法。根据劳动合同法相关规定，试用期必须根据劳动合同期限确定，劳动合同 1 年，不满 3 年的，试用期不能超过 2 个月。案例中约定 3 个月试用期，超过法律上限，所以不合法。

2. 公司可以辞退杨某。

《劳动合同法》第三十九条第（三）项规定，"严重失职，营私舞弊，给用人单位造成重大损害的"可以解除劳动合同。本案中杨某擅离岗位，使公司损失一份重要合同，符合法律规定可辞退的情形。

杨某虽然在女工三期内，但因违反《劳动合同法》第三十九条规定而被辞退的，不受三期限制。

第三章　人力资源管理

一、人力资源规划

（一）人力资源规划的作用

1. 满足总体战略发展的要求。

2. 提高人力资源管理的水平。

3. 协调人力资源管理的各项计划。

4. 提高人力资源的利用效率。

5. 使组织和个人发展目标一致。

（二）人力资源规划的流程

1. 对人力资源供求进行预测。

2. 制订人力资源供求协调平衡的各项计划。

3. 人力资源规划的评价与修正。

（三）人力资源供求平衡状况与应对

1. 供不应求时：内部调岗、培训、晋升；外部招聘计划、临时用工计划。

2. 供大于求时：辞退员工、合并关闭机构、轮流培训、减少工作时间及工资，多人分担工作按照工作量支付工资等。

二、人员招聘

招聘流程：

1. 工作分析形成工作说明书。

2. 招聘实施。

渠道选择：

1. 内部招聘常用方法有：推荐法；布告法；挑选法。

内部招聘的优点：成本低；对员工激励性高；可信度高；适应性强。

缺点：内部矛盾；近亲繁殖；裙带关系。

2. 外部招聘常用方法：广告；校园招聘；中介服务；网络招聘。

外部招聘的优点：能带来新理念新技术；选择余地广；缓解内部竞争的紧张关系。

缺点：成本高；筛选难度大；新人适应慢；影响内部积极性。

3. 内部招聘的原则：机会均等、任人唯贤，唯才是用、激励员工、合理配置、用人所长。

4. 外部招聘的原则：公平公正、适用适合、真实客观、沟通服务。

人员录用：

①确定录用意向；②确定薪酬福利；③体检和背调；④正式录用。

三、培训与开发

培训流程：

1. 培训需求分析。

分析内容：层次分析、对象分析、阶段分析。

2. 培训计划制订。

3. 培训的实施。

常见的培训方法：①传授型培训法：主要有讲授法、研讨法。

②实战型培训法：主要有工作指导、工作轮换和特别任务法。

③态度型培训法：主要有角色扮演和拓展训练。

④新型培训法：主要有网络培训、虚拟培训。

4. 培训效果的评估。

①认知评估；②技能评估；③感受评估；④绩效评估；⑤投资回报评估。

四、绩效管理

（一）绩效管理的目的

提升个人、部门和组织的效能。

（二）绩效管理的流程

准备—实施—考评—总结。

（三）绩效管理的方法

排序法；强制分布法；关键事件法；平衡计分卡；关键绩效指标法；目标管理法；360 度反馈法。

五、薪酬福利

（一）按照不同标准的分类

1. 经济性回报和非经济性回报。

2. 物质回报和非物质回报。

3. 外在薪酬福利和内在薪酬福利。

（二）薪酬设计的原则

1. 对内公平性。

2. 对外竞争性。

3. 对员工激励性。

4. 支付的经济性。

5. 合法性。

（三）薪酬设计的步骤

1. 确定工资结构策略，从性质上分为：①高弹性类；②高稳定类；③折中型。

2. 岗位评价与分类。

3. 薪酬调查方法：①同行调查；②收集市场信息；③委托专门机构；④招聘。

4. 确定工资水平。

5. 薪酬方案的实施与修正。

（四）福利设计

1. 法定福利。

2. 非法定福利：①经济性福利；②非经济性福利；③弹性福利。

案例学习

案例1 人力资源需求预测

背景资料：

某绿色化工公司为了进一步发展，制定了五年战略发展增长目标，规划在新的业务领域开发出几种有吸引力的新产品，期望公司销售额5年内翻一番。为了适应公司整体发展战略的要求，人力资源部开始着手准备公司的未来5年人力资源规划。

公司目前共有生产与维修工人825人，行政文秘员工143人，中层管理人员79人，设计和产品研发人员38人，销售人员23人。近5年来员工的离职率为14%，不同类别员工的离职率不一样，其中设计与研发人员流失率较高，达20%以上。

在进行人力资源需求分析时，人力资源部听取了现在各部门负责人的想法，各部门负责人为使自己部门将来有充足的人手，纷纷强调自己部门的重要性，提出了很多要求，包括人数和人员层次等方面。人力资源部基于这些数据汇编公司未来的人力资源需求表，却发现庞大的人员需求是公司难以承受的，也无法确定如何才能落实未来的人才落地措施。

试题要求：

1. 你认为该公司人力资源需求预测中存在什么问题？

2. 如何进行该公司的人力资源需求预测？

考核要点：

本题主要考核人力资源需求预测的方法和步骤。

参考答案:

1. 公司人力资源需求预测存在问题: ①没有和企业战略目标相结合; ②没有充分考虑企业内部条件和外部环境; ③没有采用定性定量的科学分析方法。

2. (1) 根据企业发展战略目标确定人员编制和配置。

(2) 对现有人员进行盘点,确定是否缺编、超编以及是否符合任职要求。

(3) 将统计结论与部门管理者沟通讨论,修正结果。

(4) 根据企业未来的发展目标框定各部门的工作量。

(5) 根据工作量确定需要增加的人员及职务,并汇总统计。

(6) 对预测期内退休、离职人员进行预测估算,得出未来人员流失的空缺。

(7) 对企业现有的、未来得及将要流失的人员需求结果汇总,得出企业整体人力资源需求。

案例 2 员工招聘

背景资料:

A 公司是一家 2003 年 10 月注册成立的快速消费品生产和销售企业。由于产品独特,一投入市场,便有大批订单蜂拥而至。2004 年入夏以来,随着业务量的激增,物流运转不够顺畅,物流成本不断增加。效率大打折扣。一些经销商的不满情绪渐增。在这种情况下,公司迫切需要优秀的物流管理人才。

此时,恰逢想换工作环境和希望接受挑战的小李前来应聘,小李是一位优秀的物流管理人才,有多家大型快速消费品企业的物流管理经验,且业绩突出,在业内享有盛名。

人力资源部经理久闻小李大名,见机会难得,直接上报总裁。总裁求贤若渴,亲自上阵面试,经过交谈发现,小李确实是自己梦寐以求的物流管理人才,于是当场拍板,让小李次日上班,担任物流经理。

人力资源部经理和总裁如释重负。但是，三个星期以后，两人却意外地收到了小李的辞呈。

经过多方了解，人力资源部经理弄清了小李离职的原因：思想活跃、喜欢创新和挑战的小李与保守稳重的直接上级——生产副总经理多次因意见不合而发生冲突，小李在 A 公司物流部面对一群"素质不高"的同事，经常产生一种"曲高和寡"的孤独感，小李无法适应一个各项制度不健全、管理流程混乱的企业，认为在这样的企业里，自己的能力无从施展。

试题要求：

1. 小李闪电离职的主要原因是什么？
2. 人力资源主管应当如何改进该职位的招聘？

考核要点：

人岗匹配和招聘的方法、流程。

参考答案：

1. 小李闪离的原因：①人岗不能匹配，包括对团队不能匹配，和组织不能匹配；②上级管理的理念和风格不适应。

2. 改进招聘从以下几个方面考虑：①对岗位进行分析，明确招聘标准；②制订招聘计划；③选择招聘渠道内外结合；④通过科学的评估方法，对候选人进行筛选；⑤要通过用人部门领导沟通，确定录用人选；⑥录用后对人员的情况进行跟踪反馈。

案例 3　员工培训

背景资料：

衫达公司是一家由国企改制为民营的制药企业，现有员工 800 人。为了能在激烈的竞争中站稳脚跟，公司总经理认识到培训的重要性，将销售收入的 3% 用于员工的技能培训，虽然培训投入加大了，但总经理还是觉得公司绩效没什么提高。

在人力资源经理的安排下，人力资源部对目前公司内部人员结构和过去的培训情况进行了初步分析，发现公司培训只有一些过程的时间安排表，以往的培训内容都是由人力资源部借鉴培训公司提供的培训课程确定的，培训经费主要用在外部培训上，同时培训时间安排得比较混乱，常常迁就培训师，导致有些培训课程时间安排不合理，在实施培训过程中，部门经理根据工作忙先程度选派工作量比较少的人员参加培训，员工也普遍感觉培训对自己的工作能力提升影响不大，而有些重要的技能也没有进行培训，为此，人力资源经理要求培训主管拿出改善方案，以获得培训效果。

试题要求：

1. 该公司培训管理中存在哪些问题？
2. 培训主管应如何进行培训需求调查？

考核要点：

本题考核培训开发的流程。培训需求调查的流程。

参考答案：

1. 存在问题：①公司培训没有做调查分析；②没有完整的培训计划；③培训师的选择上过分依赖外部培训。

2. 实施培训需求的程序：①分析准备，理解住址使命和战略；了解组织整体能力结构和绩效状况；做好分析前的动员；②培训需求调查，常用方法有访谈法、问卷调查法、观察法、关键事件法、绩效分析法、头脑风暴法、书面资料研究法；③培训需求的确认通过绩效面谈、主题会议、正式文件确认；④撰写培训需求分析报告。

案例4　绩效管理

背景资料：

某地产公司专注于开发及经营高质量、大规模、多业态的综合性商业地产项目。公司现有 50 个物业项目，其中有 26 座城市综合体。

为了进一步增强公司的竞争力，公司开始重视人力资源管理工作，并决定从今年年底开始实行绩效评估，因为年底的绩效评估是与奖金挂钩的，大家都非常重视，人力资源部将一些考评表发到各部门的经理手中，要求部门经理在规定的时间内填完表格，再交回人力资源部。人力资源部以此为最终的评价结果，并作为发奖金的依据。李良是销售部经理，拿到人力资源部送来的考评表格，却不知道怎么办，表格主要包括对员工工作业绩和工作态度的评价。工作业绩那一栏分为五个档，每一档只有简短的评语。年初由于种种原因，李经理没有将员工的业绩指标清楚地确定下来，因此，进行业绩考试时，无法判断谁超额完成任务，谁没有完成任务。工作态度就更难填了，由于平时没有收集和记录员工的工作表现，到年底，只对近一两个月的事情有一点记忆。

试题要求：

1. 该公司在绩效评估中存在哪些问题？

2. 如何策划销售岗位的绩效指标设计？

考核要点：

1. 存在问题：绩效考核的目的不正确；绩效考核的方法不科学；考评人员没有经过培训，不知道如何考核；考评指标设计不合理。

2. 设计销售岗位的绩效指标应当：①进行销售岗位职责分析；②根据分析确定量化和非量化指标；③提取绩效指标；④对指标进行筛选做到少而精；⑤指标交专家评估；⑥对指标进行修正调整。

案例 5　薪酬制度设计

背景资料：

大地公司是一家营销型企业，营销人员是公司的主要员工，公司为他们专门设计了"底薪＋佣金制"模式的薪酬制度。从而降低了企业对营销人员薪酬支付风险。然而，公司的营销网络在很大程度上与个人而不是品牌相关联，这对企业来说存在很大的用人隐患，一旦有关键员工离开，就有可能使公司营销网络面对遭受重大损失的风险。因此，大地公司经过几年的发展，在积累一定的经济失利后，制定了高于市场薪酬标准的薪酬制度，招聘并组建了一支以博士和硕士为主体的研发团队，公司设想通过建设品牌营销逐步替代个人魅力营销。

由于公司研发团队的艰辛付出，取得了卓越成果，大地公司的品牌迅速在市场上打响，产品销售非常火爆。公司也逐步成长为集研发、生产和营销为一体的集团性企业。

然而，因大地公司营销团队实行的是"底薪＋佣金制"的薪酬模式，对大部分营销人员来说，由于研发团队研发出的产品好销，不用花太大的努力就可以取得较好的业绩，拿到高额的佣金，而研发人员虽然是高薪酬，但绩效薪酬并不高，薪酬收入有时还不如营销人员。这就引起研发团队的强烈不满，甚至有个别研发人员认为公司不重视智力成果，愤然辞职离去。

大地公司经营管理曾清醒地意识到，有必要对公司薪酬制度进行重新设计和调整。

试题要求：
1. 该公司薪酬结构设计违背了哪些原则？
2. 进行薪酬调整要开展哪些工作？

考核要点：
薪酬设计的原则，薪酬体系设计的步骤。

参考答案：
1. 违背了内部公平性原则，动态调整性原则，与组织目标相一致原则。
2. 开展工作有：①确定企业薪酬策略；②进行岗位评价确定岗位价值；③开展薪酬调查确定市场水平；④薪酬结构设计；⑤薪酬方案的实施与调整。

第四章　劳动合同制度

一、我国劳动合同制度的发展

（1）固定工制度阶段。从中华人民共和国成立到20世纪80年代初；

（2）劳动用工制度的"双轨制"阶段。从20世纪80年代初到90年代中期；

（3）全面劳动合同制的阶段。从1995年开始。

二、劳动合同的订立

（1）订立的原则：

合法、公平；平等自愿；协商一致；诚实信用。

（2）合同订立的形式：书面形式。劳动合同先于用工订立的，劳动关系自用工之日起建立。

（3）未订立劳动的法律责任。从满一个月起支付双倍工资，一直支付到满一年或者签订劳动合同的前一日为止。

三、劳动合同的期限

劳动合同的种类：①固定期限劳动合同；②无固定期限劳动合同；③以完成一定任务为期限的劳动合同。

固定期限劳动合同双方合意签订。

无固定期限劳动合同既可以双方协商一致签订，也可以是法定情形强制订立，包括：

（1）在同一家单位工作满10年。

（2）用人单位初次实行劳动合同制度或者国有企业改制重新订立劳动合同时，劳动者在该用人单位连续工作满 10 年且距法定退休年龄不足 10 年的。

（3）连续订立二次固定期限劳动合同，且劳动者没有严重违纪，或者欺诈胁迫订立劳动合同致使合同无效的情形，续订劳动合同的。

用人单位自用工之日起满一年不与劳动者订立书面劳动合同的，视为用人单位与劳动者已订立无固定期限劳动合同。

四、劳动合同必备条款

（1）用人单位的名称、住所和法定代表人或者主要负责人。

（2）劳动者的姓名、住址和居民身份证或者其他有效证件号码。

（3）劳动合同期限。

（4）工作内容和工作地点。

（5）工作时间和休息休假。

（6）劳动报酬。

（7）社会保险。

（8）劳动保护、劳动条件和职业危害防护。

（9）法律、法规规定应当纳入劳动合同的其他事项。

劳动合同个别必备条款的缺失，不影响劳动合同的履行和有效性。

五、劳动合同约定条款

（一）试用期

（1）同一个劳动者和一家单位只能约定一次试用期。

（2）试用期不能单独设立，必须包含在劳动合同里，单独约定试用期的，试用期不成立，该期限为正式劳动合同期限。

（3）试用期的长短依据劳动合同期限设立：

不满 3 个月的合同，不设立试用期。满 3 个月不满 1 年试用期不超过 1 个月。

满 1 年不满 3 年，试用期不超过 2 个月，满 3 年及以上，试用期最多不超过 6 个月。

（4）试用期工资不能低于本单位同岗位最低档工资或者劳动合同约定工资的 80%，并且不能低于最低工资标准。

（5）违反法律对试用期期限规定的，按照试用期满月工资标准对已经履行地超过法定期限的试用期支付赔偿金。

（二）服务期

（1）用人单位为劳动者提供了专项技术培训，可以约定服务期，劳动者违反服务期规定，可以约定违约金，违约金以实际支付的培训费以及差旅费和其他直接费用为限，根据整个服务期进行分摊，按照未履行部分进行赔偿。

（2）劳动合同期限短于服务期的，合同到期后应顺延至服务期满为止。

（三）保密协议和竞业限制

用人单位可以和劳动者约定保密的内容、方式等，防止商业秘密被泄露和非法侵占。

用人单位和劳动者可以约定竞业限制，规定离职后劳动者不能到有竞争关系的单位工作或者自己开业生产经营有竞争关系的产品，从事同类业务。竞业限制期限最长不超过两年。

劳动者履行竞业限制义务的，用人单位应当按月支付经济补偿。劳动者违法竞业限制的，用人单位可以按照约定要求劳动者支付违约金。

（四）补充保险福利待遇等

国家无强制规定，双方约定。

六、劳动合同的生效与无效

（一）劳动合同签订即生效

（二）劳动合同无效

（1）采用欺诈胁迫手段违背对方真实意思而订立的合同无效。

（2）违反法律法规强制性规定的。

劳动合同被确定无效，劳动者已经付出劳动的，用人单位应当向劳动者支付劳动报酬，参照本单位相同或者相近岗位劳动者的报酬确定。

七、劳动合同订立的其他要求

（一）告知义务

用人单位主动告知与劳动合同履行相关的情况。劳动者只有在用人单位要求的情况下告知。

（二）用人单位不得要求劳动者提供押金担保

（三）建立员工花名册

八、劳动合同的履行和变更

（一）劳动合同的履行

（1）劳动合同履行的原则：全面履行和亲自履行。

（2）履行义务：劳动者有遵守劳动纪律职业道德，提高劳动技能、忠实勤勉的义务。

用人单位必须支付报酬，提供劳动保护，保障休息休假的权利，保护劳动者生命安全和身体健康的义务。

（二）劳动合同的中止

（1）参军或者履行国家规定的义务。

（2）被限制人身自由暂时不能履行，但仍有履行可能的。

（三）劳动合同变更

（1）原则：书面形式，协商一致。

（2）单方变更的情形：医疗期满不能从事原工作，不能胜任工作。

单方面变更无须经过劳动者同意，调岗可以变薪，劳动者拒绝可以按照规章制度给予惩戒。

另外，出于劳动保护的目的也可以变更劳动合同，比如三期女工不能从事原来劳动强度高的工作，可以调离岗位。工伤人员复出后不能从事原来工作，也可以调离到适宜的岗位。

（3）默示变更：通常情况劳动合同变更需要书面形式，但如果劳动者已经同意变更劳动合同并且实际履行超过一个月，虽然未采用书面形式，劳动合同变更依然成立。

九、劳动合同的解除

(一) 劳动者解除

(1) 告知解除，试用期提前 3 天，转正后提前 30 天。书面告知单位，无须批准。无经济补偿。

(2) 被迫解除：①不提供劳动保护和劳动条件；②不及时足额支付劳动报酬；③不依法缴纳社保；④用人单位规章制度违反法律法规规定，损害劳动者利益；⑤以欺诈胁迫手段签订合同致使合同无效；⑥强迫劳动、违章指挥、冒险作业危及劳动者生命安全的。

此类解除无须提前通知，可以要求经济补偿金。

(二) 用人单位解除

(1) 与劳动者协商一致，不需提前通知，有经济补偿。

(2) 劳动者过失解除：①试用期不符合录用条件；②严重违法单位规章制度；③严重失职、营私舞弊给用人单位造成重大损失；④劳动者同时与其他用人单位建立劳动关系，对完成本单位的工作任务造成严重影响，或者经用人单位提出，拒不改正的；⑤欺诈胁迫、乘人之危签订劳动合同致使劳动合同无效的；⑥被依法追究刑事责任的。

此类解除无经济补偿金。

(3) 劳动者无过失解除：①医疗期满不能从事原工作也不能从事用人单位安排的其他工作；②不能胜任工作，经过培训调岗仍然不能胜任；③客观情况发生变化，经双方协商不能就变更劳动合同达成一致。

此种情形需要支付经济补偿金及代通知金。

(4) 违法解除，用人单位解除理由不合法或者程序不合法导致，此种情况按照经济补偿金 2 倍支付赔偿金。

(5) 经济性裁员：裁员有严格的条件限制和程序要求。

1) 裁员的前提：破产重整；生产经营严重困难；转产、重大技术革新、经营方式调整；劳动合同订立时所依据的客观经济情况生，重大变化，致使劳动合同无法履行的。

2) 裁员的人数限制和程序：20 人以上或者虽不足 20 人但占职工人数

10%以上，需要提前30天向工会或者职代会说明情况，听取意见，并将裁员方案向劳动部门备案才可以裁员。

3）优先留用：较长劳动合同期限的人员，家庭无其他成员就业人员，有老人或未成年人需要抚养的。

4）优先录用：6个月内重新招用人员的，被裁减人员同等条件下优先录用。

（三）不得解除

不得解除是指不能以劳动者非过失理由解除，在劳动者严重过失的前提下，仍然可以解除。

表1　劳动合同解除理由及补偿

解除方式		条　件	经济补偿金	代通知金	赔偿金	医疗补助金
劳动者解除	告知解除	试用期提前3天书面通知，转正后提前30天书面通知单位	无	无	无	无
	违法解除	未尽提前通知义务	无	无	无	无
	被迫解除	符合《劳动合同法》第三十八条情形	有	无	无	无
用人单位解除	协商一致	与劳动者协商同意	有	无	无	可协商
	劳动者严重过失	符合《劳动合同法》第三十九条情形	无	无	无	无
	劳动者无过失	符合《劳动合同法》第四十条第三项规定	有	有	无	仅限第四十条第一项
	裁员	符合《劳动合同法》第四十一条规定	有	无	无	不涉及
	违法解除	解除理由不合法，程序不合法	无	无	有	有争议

注：①劳动者违法解除劳动合同，需要承担赔偿责任，包括招用本人的费用和给单位造成的直接经济损失。

②单位违法解除有两个要素，理由不合法及程序不合法，两个里面只要有一个不合法就构成违法解除。另外，需要注意解除劳动合同的理由必须法定，不得约定。

③经济补偿金和代通知金是合法前提下的补偿，与违法解除的赔偿金不能兼得。

④单位违法解除劳动合同的，劳动者可以要求支付经济赔偿金，也可以要求恢复劳动关系，两者选择其一。一旦司法机关支持恢复劳动关系的，单位应当支付在调解仲裁诉讼期间的工资，标准为解除劳动合同前12个月的平均工资乘以停发月数，双方都有责任的，根据责任大小各自承担相应的责任。

（1）从事接触职业病危害作业的劳动者未进行离岗前职业健康检查，或者疑似职业病病人在诊断或者医学观察期间的；

（2）在本单位患职业病或者因工负伤并被确认丧失或者部分丧失劳动能力的；

（3）患病或者非因工负伤，在规定的医疗期内的；

（4）女职工在孕期、产期、哺乳期的；

（5）在本单位连续工作满15年，且距法定退休年龄不足5年的。

（6）法律、行政法规规定的其他情形。

十、劳动合同的终止

（一）期满终止

基于双方事前约定的合同期限。

（1）劳动者主动不续签，此种情况无经济补偿。

（2）劳动者被迫不签，指单位降低待遇续签合同而劳动者拒绝的情形，应当支付经济补偿金。

（3）用人单位不续签，支付经济补偿金。

（二）劳动者主体资格灭失

（1）达到法定退休年龄。

（2）失踪死亡或者被宣告失踪死亡。

此两种情形均无经济补偿。

（三）用人单位主体灭失

（1）破产。

（2）被吊销营业执照。

（3）责令关闭。

（4）撤销或提前解散。

这些情形劳动者都可获得经济补偿。

（四）不得终止的情形

与不得解除的情形相同。需要顺延到该种情形消失为止。

（五）解除和终止的区别

（1）法律后果的产生方式不同，解除是出于一方或双发的意愿，终止则是法律事实的发生。

（2）法律程序要求不同。解除比终止更重程序的合法性。

（3）不得解除和不得终止的要求不同，符合《劳动合同法》第四十二条的情形不得解除，但是终止是顺延到情形消失为止，仍然可以终止。

表2　劳动合同终止理由及补偿

终止方式	条　件	经济补偿金
劳动者原因	达到退休年龄或享受养老待遇	无
	失踪或死亡	无
用人单位原因	破产倒闭	有
	吊销执照	有
	责令关闭	有
	撤销或提前解散	有
到期终止	劳动者主动不续签	无
	因单位降低待遇劳动者不续签	有
	单位不续签	有

注：合同到期用人单位不续签无须提前30天通知劳动者，没有代通知金。地方法规有特别规定的除外。

十一、其他规定

（1）用人单位单方面解除劳动合同需要通知工会，此为程序合法的一部分。

（2）解除或终止劳动合同后15天内需办理退工退保手续，并出具证明。

（3）劳动合同及相关人事资料在解除劳动合同后保存两年。

（4）离职时劳动者有义务办理工作交接。如涉及经济补偿金的，经济补偿金在工作交接完成后支付。

（5）医疗期规定。上海的医疗期规定与全国的不同，是根据本单位的工作年限确定的，新进单位最长享受3个月医疗期，以后每满1年增加1个月，最长不超过24个月。用公式表示为"N+2"，N表示本单位工作年限。但如果员工被鉴定为因病完全丧失劳动能力，又不符合退休、退职条件的，则医疗期应延长，延长的医疗期与之前的医疗期合计不低于24个月（可大于）。

（6）经济补偿金的计算。经济补偿金根据本单位的工作年限计算，工作每满1年支付1个月，满半年不满1年按1年算，不满半年支付半个月。经济补偿金按照解除或终止劳动合同前12个月的平均工资计算。平均工资低于最低工资标准的，按照最低工资标准。

经济补偿金的双封顶规定：如果劳动者解除或终止合同前12个月的平均工资高于上年度本地区职工月平均工资3倍的，最多按照3倍计算，支付年限不超过12年。

经济补偿金的分段计算：劳动合同在2008年之前就签订，在2008年之后解除的，并且2008年之前和2008年之后的经济补偿金计算方法不一致，则需分别计算后相加。如前后计算标准一致，则合并计算（考试一般不做具体计算要求）。

案例学习

案例1 企业搬迁中的劳动合同的处理（略），参见案例3-1。

案例2 单位要求劳动者赔偿损失（略），参见案例3-7。

案例3 单位调整怀孕女工的岗位（略），参见案例3-8。

案例4 单位要求离职劳动者赔偿损失（略），参见案例3-9。

案例5 延迟办理退工受的问题（略），参见案例3-10。

第五章　集体合同制度

一、概述

美国是最早发生集体谈判的国家。

18 世纪末，英国产生了有雇佣劳动者团体与工厂雇主之间签订集体协议。可以视为集体协商集体合同的萌芽。

20 世纪初期新西兰制定了有关集体合同的法律，是世界上集体合同立法最早的国家。

二、集体合同制度的国际公约

1949 年 98 号公约《组织权利和集体谈判权利原则的实施公约》，防止就业歧视。

1951 年 91 号建议书《集体合同建议书》确定集体合同、集体谈判内容是工作条件和就业条件。92 号建议书《自愿调解和仲裁建议书》规范劳动争议包括集体合同纠纷的调解和仲裁有关事项。

1981 年 154 号公约《促进集体谈判公约》说明企业集体谈判和集体合同适用范围及内容。163 号建议书《集体谈判建议书》提议各国有代表性的雇主和工人组织应予以承认，以方便集体谈判。

三、我国集体合同制度的建立和发展

1930 年，国民政府颁布《团体协约法》；

1949 年，《共同纲领》实现劳资两利；

1950 年，《关于在国营工厂签订集体合同的指示》；

1986 年 10 月，《中国工会章程》；

1988 年，国务院颁布《中华人民共和国私营企业暂行条例》；

2008 年 1 月 1 日，《上海市集体合同条例》2015 年修订。

四、集体合同的主要特征

（1）主体特定性，一方是工会或者职工代表，另一方是企业；

（2）地位平等性，双方地位完全平等，不存在领导与被领导关系；

（3）内容合法性，不能低于国家规定标准；

（4）形式规范性，一经签订不是立即生效而需要通过工会或职代会讨论，通过后还需要报劳动部门审核。

五、集体协商

（一）原则

（1）合法原则；

（2）公正原则；

（3）平等原则；

（4）相互尊重原则；

（5）诚实守信原则；

（6）兼顾双方利益原则。

（二）主体

职工一方主体是企业内全体职工。

企业一方主体是用人单位。

（三）协商代表

协商代表双方各不少于三人，企业方代表人数不得多于职工方。

职工方协商代表的产生三种方式：

（1）职代会选举；

（2）无职代会全体职工选举产生；

（3）职工推荐，工会讨论决定。无工会的由上级工会派员指导民主选举产生，企业方协商代表由法定代表人指派。

（四）首席代表的产生

首席代表双方各一人。职工方有工会的，由工会负责人担任，没有工会的，由协商代表民主推荐产生。首席代表任务是带领协商代表进行集体协商，主持协商会议，签署集体合同文本。

（五）外援

协商可以聘请外部专业人士参加，如律师、法律工作者、专业咨询机构人员、劳动人事专业人员、财务等。但外聘人士不能超过本方协商代表人数的1/3。

（六）履职保障

协商代表在工作时间内参加集体协商活动的，应当视作提供正常劳动。在履职期内利用工作时间收集相关协商资料，不超过3个工作日的，视同出勤。集体合同签订后，协商代表履职期超过劳动合同期限，自动顺延到履职期满。未签订集体合同的，履职期不超过6个月。

（七）集体协商内容

（1）劳动报酬；

（2）工作时间和休息休假；

（3）劳动安全卫生；

（4）福利待遇；

（5）其他。

（八）集体协商的程序

（1）准备工作。

（2）启动阶段。协商双方任何一方都可以就集体合同相关事宜，以书面形式向另一方提出协商要求，另一方应在15日内以书面形式回复，没有正当理由不得拒绝。

（3）集体协商会议。

（4）协商双方的义务。职工方不得限制企业方人员的人身自由；不完成劳动任务、破坏企业设备工具；干扰阻碍破坏集体协商。企业方不得拖延集体协商。对于裁员等导致群体事件的，拒不协商可由劳动保证部门责令改正。企业、职工方违反规定构成违反治安管理条例的由公安部门处理，构成犯罪的，依法追究刑事责任。

（九）集体合同的订立和生效

（1）形成草案。

（2）提交审议，应当由 2/3 职工代表出席，1/2 一同意草案获得通过，书面送企业方，企业方应当在 10 日内送劳动保行政部门审核，劳动行政部门收到后 15 日无异议，集体合同生效。

（十）集体合同的效力

集体合同对本企业及其全体职工产生约束力。劳动合同当中劳动报酬、劳动条件等标准不得低于集体合同。

（十一）集体合同争议的处理

协商过程中产生争议，应当提请上级工会派员指导协商，仍然不能达成一致，可提请劳动保障部门协调处理。

履行过程中产生争议，可以由工会或者协商代表依法提起仲裁讼。（集体合同履行中发生争议，个人不能直接提起仲裁）仲裁应当按照三方原则组成仲裁庭处理。

首席代表职工方有工会的由工会负责人担任，没有工会的，先民主选举产生协商代表，再由协商代表民主推荐产生。企业方首席代表由法定代表人或者法定代表人授权委托人担任。

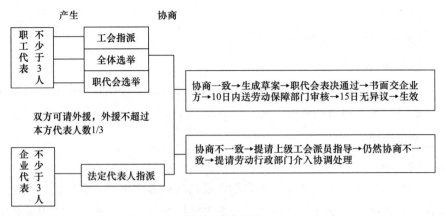

图 1　协商过程

案例学习

案例 1　参见案例 4－1（略）。

案例 2　集体协商代表的产生程序

背景资料：

本市某企业职工工资多年未涨，职工多次提议开展工资集体协商，企业终于同意，但由于该企业尚未建立工会，职工向上级工会反映了该情况，上级工会在职工中选派了 3 名协商代表，并指定其中一人担任首席协商代表，后再集体协商过程中，职工认为这 3 名代表的能力不足，因此向上级工会提出更换本方的协商代表，上级工会表示如不满意之前选派的代表，职工可以自行协商确协商代表。

试题要求：

1. 职工协商代表的产生是否符合规定？为什么？
2. 职工如果要更换协商代表，应当遵守什么程序？

考核要点：

本题主要考核协商代表产生的法律程序。

参考答案：

1. 职工协商代表的产生不符合法律规定，根据《上海市集体合同条例》规定，未建立工会的企业，应当提请上级工会派员指导本企业员工通过民主选举的方式产生协商代表，通常需要全体员工 2/3 出席，半数以上同意才能当选，首席代表由协商代表民主推荐产生，本案中协商代表和首席代表都由上级工会指派，所以不符合规定。

2. 职工方如果要更换代表，根据《上海市集体合同条例》规定，仍然要遵循代表产生的程序：有工会可以由工会选派，没有工会的，由上级工会指导本企业职工通过民主选举，经半数职工同意当选，首席代表由协商代表民主推荐产生。

案例 3　集体合同有效程序的认定

上海某企业 2014 年职工月工资均为 1850 元。2015 年 2 月，企业为了改善职工待遇，稳定劳动关系，与职工就劳动报酬签订了集体合同。集体合同约定职工的月工资提高为2000元。合同期限自2015年3月1日起至2016年2月28日。2015年2月5日，企业将经职代会讨论通过的集体合同报送至当地人力资源和社会保障部门，人力资源和社会保障部门收到集体合同后，截至2015年2月底为提出任何意见。当员工领取2015年3月的工资，发现到手工资仍然为1850元，企业称由于集体合同未被人力资源和社会保障部门审批通过，所以未生效。员工对企业的说法不认可，要求其按照集体合同约定工资标准补发工资，为平息职工不满，2015年4月起，企业按照集体合同约定的2000元标准发放工资。

试题要求：

1. 集体合同是否生效？为什么？

2. 企业于2015年4月起按照集体合同的约定发放工资的行为是否合法？为什么？

考核要点：

本题主要考核集体合同生效的程序。

参考答案：

1. 集体合同已经生效，按照劳动合同法及上海市集体合同条例的规定，已经讨论通过的集体合同报送劳动行政部门后，如果15天内没有提出异议，合同就生效。

2. 企业发放工资的行为不合法，集体合同的内容不能与法律法规强制性规定相抵触，《上海市集体合同条例》第二十五条第二款明确规定："集体合同约定的劳动条件、劳动报酬等标准不得低于国家和市人民政府规定的最低标准。"2015年4月起，上海市最低工资调整为2020元，此时仍然以2000元标准发放工资低于上海市最低工资标准，所以不合法。

第六章　工会概论与民主管理

一、工会概论

1925 年 5 月 1 日，中华总工会成立；

1950 年《工会法》；

1992 年第二部《工会法》；

2001 年 10 月 27 日新修改《工会法》。

二、工会的性质

工会是职工自愿结合的工人阶级群众组织。

工会具有阶级性、群众性、结社的自愿性。

三、工会的组织体系

（一）体系

中华总工会、地方工会组织、产业工会组织。

（二）工会组建

（1）会员：企事业单位，国家机关中以工资收入为主要生活来源的脑力、体力劳动者，享有参加工会的权利。劳动者在组建工会时候遇到困难或受阻碍时，上级工会可以派员帮助和指导职工组建工会。任何单位和个人不得阻挠。已经依法组建的工会，不得随意撤销、合并。

（2）职工人数 25 人以上应当单独成立基层工会组织，不足 25 人的，既可以联合成立工会，也可以单独设立工会。

四、工会的权利和义务

（一）权利

（1）维护权。工会的基本职责是维护职工合法权益。

（2）代表权。

（3）参与权。

（4）监督权。按照国家规定对新建、扩建企业和基数改造工程中的劳动条件和安全卫生设备与主体工程同时设计、同时施工、同时投入使用进行监督。

（二）义务

（1）维护国家政权，支持协助行政工作。

（2）动员和组织职工参加社会主义经济建设。

（3）教育职工，提供职工素质。

（4）协助企业办好职工集体福利事业。

五、工会的法律保障

（一）工会的经费保障

单位要按照职工工资总额的 2% 缴纳会费，拒不缴纳的，工会可申请法院强制执行。

（二）履职保障

（1）基层工会的非专职工会委员占用生产或者工作时间参加会议或者从事工会工作，每月不超过 3 个工作日，其工资照发，待遇不受影响。

（2）200 人以上的企业，可以设立专职工会主席及专职工会人员，专职人员的人数由工会和企事业单位协商确定。企业行政负责人、行政正副职级、合伙人及其近亲属、人资负责人、外国人不能作为工会主席候选人。

（3）各级工会委员会成员由会员大会民主选举产生，企业负责人及其近亲属不得作为基层委员会候选人。基层工会委员会任期 3～5 年。

（4）基层工会专职主席，副主席或者委员自任职之日起，其劳动合同自动延长，延长的期限相当于其任职期间。工会兼职主席、副主席或者委员自任职之日起，其尚未履行的劳动合同期限短于任期的，劳动合同期限自动延长至任期满。工会主席、副主席任期未满时，不得随意调动其工作，因工作需要调动时，应当征得本级工会委员会和上级工会的同意。

企业单方面解除劳动合同时，应当事先将理由通知工会。

阻碍工会组建的法律责任：①由劳动部门责令改正；②提请县以上人民政府处理；③追究刑事责任。

六、职工代表大会制度

我国企业的民主管理历史：

（1）1934年《苏维埃国家工厂管理条例》《苏维埃国家工厂支部工作条例》。

确立了早期民主管理制度。

（2）三人团：厂长、党支部书记、工会委员长。

（3）1946年《关于工厂企业政策的指示》推行工厂委员会制度。

（4）1949年8月《关于在国营工业企业中建立工厂管理委员会和职工代表会议的决议》。

（5）1950年2月《关于国营、公营工厂建立工厂管理委员会的指示》工厂委员会和职代会相结合制度成为全国统一政策。

（6）1981年《国营工业企业职工代表大会暂行条例》。

（7）1984年厂长负责制。

（8）1986年9月《全民所有制工业企业职工代表大会条例》厂长负责制和职代会。

（9）1988年《企业法》民主管理走上法制化、规范化。

七、职代会的性质和建立

（一）职代会是企业实行民主管理的基本形式

（1）100人以上的企业，应当实行职工代表大会制度，100人以下的企业，可以实行全员职工大会也可以实行职工代表大会，职代会人数不少于30人。

（2）人数 100～3000 的企业，以 30 人为基数，每增加 100 名职工，增加不少于 5 名职工代表，3000 人以上企业，人数不少于 175 人。

（二）职代会

（1）职工代表采用民主选举的方式产生，实行常任制，可以连选连任。任期与工会一致，3 年到 5 年。到期后因故要延期换届的，最多可延期 1 年。

选举职工代表一般以分公司，分院、部门、班组、科室为选区。选举应当由 3/2 职工参加，1/2 职工代表同意可以当选。

流程：制定选举方案→广泛宣传→酝酿职工代表候选人→选举代表→资格审查→公布结果。

（2）职代会的人员比例：中高层管理人员不超过 80%，以一线员工为主。跨区跨行业的大型集团企业比例可提供，但不超过 40%。女职工代表和本单位女职工人数相适应。

职代会设列席代表，比例不超过 10%，列席代表无选举与被选举权。

（3）职代会每年至少召开一次，1/3 代表提议，2/3 代表参加可召开。

会议召开应选举主席团主持会议，主席团不少于 7 人，一线员工不少于 50% 职代会表决的书面材料，应当提前 7 天送交职工代表，会议采用无记名投票表决，经半数以上员工同意方可通过。

（4）会议流程：

会议筹备阶段——决定会议议题和议程；起草表决材料；代表的选举、撤换、补选。

代表讨论阶段——汇总整理意见。

预备会议阶段——审议筹备工作、审议表决方法、审议会议议题议程、审议代表资格审查报告、审议通过主席团成员名单。

正式会议阶段——听取工作报告、审议通过方案草案、民主选举、民主测评、形成决议、大会总结。

会后阶段——7 天内向全体员工公布通过的决议，传达精神、反馈落实。

（5）职代会的职权：

审议建议权；

审议通过权；

审查监督权；

民主选举权；

民主评议权。

（6）履职保障：因履行职代会活动占用工作时间的，按照出勤对待。

八、厂务公开

（一）厂务公开的原则

遵循合法、及时、真实、有利于职工权益维护的原则。

（二）厂务公开的内容

（1）企业重大决策和企业生产经营管理的重大事项；

（2）企业涉及员工切身利益的事项；

（3）与领导班子建设、党风建设和廉洁从业密切相关的事项。

（三）厂务公开的形式

职工代表大会是厂务公开的主要表现形式。

（四）厂务公开各部门的职责

（1）党委是责任人。

（2）行政部门是执行者。

（3）纪律检查部门是监督者。

（4）工会是推动者。

九、职工董事和职工监事制度

必须由职工代表大会选举产生。

职工董事、职工监事应从公司同级工会负责人和本公司其他职工代表中产生。工会主席和副主席应为职工董事、职工监事的候选人。

公司高级管理人员和监事不得兼任职工董事；公司高级管理人员和董事不得兼任职工监事。公司党委书记和未兼任工会主席的党委副书记、纪委书记、总经理、副总经理、总会计师不得兼任公司的职工董事。

案例学习

案例1　工会的建立。参见本册案例4-3（略）。

案例 2 工会干部的劳动个合同终止。参见本册案例 4 – 4（略）。

案例 3 工会干部的保护。参见本册案例 4 – 5（略）。

案例 4 职工代表大会召开的代表比例及数量认定。参见本册案例 4 – 7。

案例 5 职工代表大会决议的有效程序。参见本册案例 4 – 8（略）。

案例 6 职工代表大会决议的效力认定。参见本册案例 4 – 6（略）。

案例 7 职工董事的产生程序。参见本册案例 4 – 9（略）。

第七章 企业劳动规章制度

规章制度的制定：

（一）法律依据

《劳动合同法》第四条第一款规定，用人单位应当依法建立和完善劳动规章制度，保障劳动者享受劳动权利，履行劳动义务。

（二）企业规章制度的特征

企业规章制度具有合法性、权威性、严肃性、强制性的特征。

（三）规章制度的法律效力

（1）国家法律法规和政策高于规章制度。

（2）规章制度和集体合同、劳动合同的效力问题劳动者有优先选择权，可以选择对其有利的执行。

（四）规章制度的作用

（1）保障企业经营秩序。

（2）减少企业经营风险、降低运营成本。

（3）促进企业内部协调，实现制度化管理。

（4）保障员工合法权益、实现规范用工。

（五）规章制度制定的法定要件

（1）主体适格。企业可以委托人力资源部门或行政部门指定规章制度，但是发布要以企业的名义，承建、工段、科室不具有指定规章制度的职能。

（2）内容合法、合理、不违反公序良俗。合法指的是不与法律法规冲突；合理是指符合常理，符合正常人的评判标准。不违反公序良俗是指遵循社会公德，符合大众的利益。

（3）程序合法。《劳动合同法》第四条规定，用人单位在指定直接设计劳动者切身利益的规章制度或者重大事项时，要经过职代会或全体员工讨论，提出方案和意见，与工会或者职工代表平等协商确定。最后还要公示或告知。

（六）规章制度的流程

（1）提出草案。

（2）讨论方案，听取意见。

（3）平等协商确定。

（4）公示或者告知。

（七）规章制度违法的后果

（1）造成规章制度无效。

（2）承担行政责任。

（3）如造成损害，承担对劳动者的赔偿责任。

（4）劳动者解除劳动合同获得经济补偿。

（八）规章制度的实施

（1）对员工的处理要做到以事实为依据，以规章制度为准绳。没有制度依据，通常不能处罚。但是，由于规章制度不可能包罗万象，对于明显违背职业道德和岗位职责，违背劳动合同履行义务的行为，即便没有制度规定，也可以处理。

（2）规章制度实施过程中，工会认为不妥的，有权提出意见建议。

（3）规章制度要及时修订完善。

案例学习

案例 1 规章制度的制定。**参考本册案例 5 - 2（略）。**

案例 2 企业规章制度的指定程序及效力。**参考本册案例 5 - 1（略）。**

案例 3 企业流程与企业规章制度。**参考本册案例 5 - 3（略）。**

第八章 劳动争议处理

一、劳动争议的概念

劳动关系当事人在执行劳动法律、法规或者履行劳动合同过程中、就劳动权利和劳动义务的认定与实现所发生的争议。

（一）特征

（1）双方存在劳动关系。

（2）劳动争议主体的权利能力和行为能力不可分。

（二）劳动争议当事人

（1）双方当事人　用人单位和劳动者。

（2）共同当事人。

1）劳务派遣单位或用工单位与劳动者发生争议的，劳务派遣单位和用工单位为共同当事人。

2）以挂靠等方式借用他人营业执照经营的，应当将用人单位和营业执照出借方列为共同当事人。

3）单位分立以后，对承受劳动权利义务不明的，分立后的单位均为当事人。

4）劳动者在用人单位与其他平等主体之间的承包经营期间，与发包方和承包方双方或者一方发生劳动争议，依法向人民法院起诉的，应当将承包方和发包方作为共同当事人。

5）单位破产、倒闭、提前解散的不能承担责任，依法将其出资人、开班单位或主管部门作为共同当事人。

6）发生集体争议，劳动者一方在 10 人以上、有共同诉求的，可以推荐

3～5名代表参加仲裁活动，仲裁可优先立案。

（3）劳动争议代表人。集体合同履行过程中发生争议，经过协商不能一致，可以要求工会作为代表人提起仲裁诉讼。尚未建立工会的，可以由上级工会指导劳动者推荐的代表参加仲裁。协商阶段发生争议由上级工会和劳动保障部门协调处理。

（4）劳动争议第三人。第三人是指与民事争议处理结果有利害关系的当事人。第三人可以分为有独立请求第三人和无独立请求第三人，劳动争议第三人只能申请参加劳动争议处理或者经劳动争议处理机构通知其参加劳动争议处理，为无独立请求第三人。

用人单位招用尚未解除劳动关系的劳动者，原用人单位与劳动者发生劳动争议，可以列新用人单位为第三人，原用人单位以新单位侵权为由向人民法院起诉的，可以列劳动者为第三人。

（三）劳动争议的分类

（1）按照劳动者人数分为个人争议、集体争议。

（2）根据性质分类分为权利争议、利益争议。

二、劳动争议和民事争议的区别

（一）民事争议的特征

（1）平等主体。民事争议双方地位平等，相互独立。

（2）内容主要是财产关系和人身关系。

（3）民事责任具有补偿性和财产性。惩罚性和非财产性责任不是主要的民事责任形式。

（二）劳动争议与民事争议的区别

（1）主体资格不同。民事争议主体的权利能力与行为能力可以分离；而劳动争议主体的权利能力与行为能力不可分离。

（2）争议的内容不同。民事争议主要是有关人身关系和财产关系的争议，劳动争议主要是有关劳动过程中的权利义务。

（3）适用法律不同。民事争议适用民事性法律法规，劳动争议适用劳动法及各项劳动法规政策。

三、我国劳动争议处理制度

主要处理方式：协商解决、申请调解、申请仲裁和提起诉讼。

劳动争议案处理实行一裁两审，仲裁前置的程序。

四、劳动争议的调解

（一）调解原则

（1）自愿调解。

（2）及时调解。

（3）依法调解。

（二）调解结果

（1）调解的期限，自受理调解申请之日起 15 日结束；

（2）调解书可以作为向人民法院申请支付令的依据。

五、劳动争议仲裁

（一）原则

合法性、公正性和及时性。

（二）与民事仲裁的区别

（1）受理范围不同。劳动争议受理范围由法律规定，民事仲裁采用排他法。

（2）管辖不同。劳动争议实行级别管辖和地域管辖，民事仲裁实行协议管辖。

（3）裁决的效力不同。劳动仲裁实行一裁两审，民事仲裁实行一裁终局。

（4）当事人选择权不同。劳动仲裁以强制性规范为基本依据，民商事仲裁以双方当事人的自愿为前提。

（三）劳动争议仲裁机构设立原则

三方原则，有劳动行政部门、工会代表和企业主管部门代表组成。

（四）劳动争议受理的范围

（1）确认劳动关系。

（2）因订立、履行、解除和终止劳动合同发生的争议。

（3）因开除、除名、辞退和辞职、离职发生的争议。

（4）因工作时间、休息休假、社会保险、福利、培训以及劳动保护发生的争议。

（5）因劳动报酬、工伤医疗费、经济补偿金、赔偿金等发生的争议。

（6）机关与聘任制公务之间。

（7）社会团体与工作人员之间因除名、辞退、辞职等接触行为及履行劳动合同发生争议。

（8）军队文职人员与军队用人单位之间因履行劳动合同发生的争议。

六、劳动争议的管辖

（一）管辖的分类

（1）一般管辖，由劳动合同履行地或者用人单位所在地的劳动争议仲裁委员会管辖。

（2）优先管辖，同时向劳动合同履行地和用人单位注册地提起仲裁的，履行地优先。

（3）移送管辖。仲裁认为不属于管辖范围的，可以送有管辖权的仲裁委员会。

（4）指定管辖。仲裁委员会因管辖争议协商不成的，报请上级仲裁委员会制定。

（5）级别管辖。

（二）仲裁的时效

（1）一般时效，从知道或应当知道权利受侵害之日起 1 年内。

（2）特殊时效，从离职后 1 年内，仅针对劳动报酬的争议。

（3）时效的中止。因不可抗力和正当理由无法在规定的时效内提出申请，时效中止。时效中止的原因消失，仲裁时效期继续计算。

（4）时效的中断。一方向另一方讨要权利或向有关部门寻求救济，或当事人一方同意履行义务的。

（三）受理程序

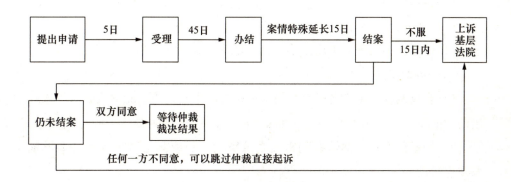

图1　受理程序

（四）争议处理

（1）先予执行。对追索劳动报酬、工伤医疗费、经济补偿金或赔偿金的案件，当事人权利义务已经明确，不执行会严重影响到申请人生活的条件下，根据当事人的申请，可以先予执行移交人民法院执行。

（2）一裁终局。必须符合。

1）追索劳动报酬、工伤医疗费、经济补偿金或者赔偿金、不超过当地最低工资标准12个月的金额。

2）执行国家的劳动标准在工作时间、休息休假、社会保险方面发生的争议。

一裁终局对劳动者没有影响，不服仍然可以上诉，而用人单位丧失上诉权，但有证据可以推翻裁决的，可以在30日内向中级人民法院申请撤销。

七、劳动争议诉讼程序

（一）诉讼原则

适用民事诉讼规则。

（1）仲裁前置原则。

（2）重新审理原则。仲裁裁决后，当事人对部分事项不服上诉的，人民法院应当就全部争议重新审理。

（二）诉讼程序

（1）诉讼管辖。

1）合同履行地；

2）履行地不明确，由用人单位所在地基层法院受理。

（2）诉讼制度。

1）合议制度，由3名以上审判人员组成的审判集体按照少数服从多数做出裁判。

2）回避制度，与案情有利害关系的审判人员或其他有关人员，不得参与审理活动。

3）公开审判，应当将审理过程向群众公开，向社会公开。但涉及个人隐私、企业商业秘密和国家秘密的除外。

八、劳动争议处理证据规则

（一）证据的种类

①书证；②物证；③视听资料；④证人证言；⑤当事人陈述；⑥鉴定意见；⑦勘验笔录；⑧电子证据。

（二）证据的归类

（1）按照来源分原始证据和派生证据；

（2）按照表现形式分人证和物证（证人证言和实物证据）；

（3）按照证明方式分直接证据和间接证据；

（4）按照举证责任分本证和反证。

（三）证据资格

客观性、合法性和关联性。

（四）举证责任

（1）当事人对自己的诉讼请求或反驳对方的诉讼请求所依据的事实，负有举证责任（谁主张，谁举证）。

（2）举证责任倒置。与争议事项有关的证据属于用人单位掌握管理的，用人单位应当提供；用人单位不提供的，应当承担不利后果。

（3）免证规则。

1）对方自认。

2）因司法认知免证：①自然规律；②众所周知的事实；③已经发生法律效力的认定事实；④已为仲裁机构生效裁决所确认的事实；⑤已为有效公证文书所证明的事实。

3）因法律与事实的推定而免证。

（4）用人单位专属举证责任。因用人单位做出开除、除名、辞退、解除劳动合同、减少劳动报酬、计算劳动者工作年限等决定发生劳动争议的，由用人单位负举证责任。

（5）劳动者的举证责任。劳动者主张加班费的，应当就加班事实的存在承担举证责任。

（五）劳动争议证据的收集和保全

（1）当事人及其诉讼代理人因客观原因不能自行收集的证据，或者人民法院认为审理案件需要的证据，人民法院应当调查收集。

（2）劳动争议证据的保全。

1）申请公证机关进行证据保全。

2）申请人民法院进行证据保全。

案例学习

案例1　集体合同争议处理。参见本册案例6-7（略）。

案例2　劳动合同解除争议处理

背景资料：

李某于2012年7月11日应聘某集团公司下属的培训中心工作岗位，培训中心未取得营业执照和登记证书。培训中心向李某发出了一份入职通知书，内容为："李某，我们很高兴能再次正式通知您，您已被录用为某集团公司培训中心职员，具体的职级说明如下：①入职部门：培训中心。②入职职位：中心职员。③薪酬标准：详见附件。④每周工作日6天，工资中已包含加班费。您对以上所述无异议，请在此一式两份的聘用信上签名。"李某对该协议无异议，即在该聘用信上签名。

工作期间，某集团公司和培训中心均未与李某签订劳动合同。均未为其缴纳社会保险费。李某的工资由培训中心支付。2013 年 7 月 12 日，培训中心单方面停止了李某的工作。李某不服，即申请仲裁。

试题要求：

1. 李某申请仲裁时以谁为被申请人？理由是什么？

2. 李某可以要求培训中心缴纳工作期间的社会保险吗？理由是什么？

3. 李某可以要求集团公司支付未签订劳动合同的 2 倍工资吗？理由是什么？

解题要点：

本题目主要考核劳动关系的建立要素和未签订合同的 2 倍工资问题。

参考答案：

1. 李某应当将集团公司作为被申请人，因为培训中心没有取得营业执照和登记证书，不是法律意义上的用人单位。

2. 李某不能要求培训中心缴纳工作期间的社会保险，因为培训中心没有合法注册登记，无法办理社保开户缴费。但李某可以要求集团公司缴纳社保。

3. 李某不能要求支付未签订合同的 2 倍工资。

劳动合同的订立内容大于形式，李某入职前已经签订了聘用协议。

协议上面具备了大部分劳动合同的必备条款，明确了基本的内容，不影响双方权利义务的履行，此时聘用协议可以看作是一份劳动合同。

对于此种情况是否支付 2 倍工资，仲裁、法官有自由裁量的权力。

案例 3　企业搬迁员工问题处理

背景资料：

某厂因生产经营需要从市区搬迁到远郊。为此，该厂为职工提供了上下班通勤车，还增加了工人的补贴。该厂绝大部分职工愿意去新厂上班，但仍有20多名职工不愿意去新厂上班，以工厂搬迁擅自变更合同为由一起向该厂提出解除劳动合同的要求，并要求工厂给予解除劳动合同的经济补偿金。工厂则认为，自己没有主动辞退职工，是职工不愿意到新厂上班，工厂不但不应该支付经济补偿金，而且还能以职工违纪为由解除劳动合同。于是，20多名职工申请劳动仲裁，要求工厂支付经济补偿金。

试题要求：

1. 20多名职工不愿意去新厂上班，是否可以提出解除劳动合同？理由是什么？

2. 工厂是否应当支付给20多名职工经济补偿金？理由是什么？

3. 工厂可否以违纪为由对不愿意去新厂上班的职工解除劳动合同？理由是什么？

4. 如何处理20多名职工提出的劳动仲裁申请？请结合案情和当事人诉求，根据有关法律法规及政策，提出处理意见，并说明理由和依据。

考核要点：

客观情况发生重大变化的劳动合同解除。

参考答案：

1. 员工可以提出解除劳动合同。根据劳动合同法，劳动者只要提前30天书面通知用人单位即可以解除劳动合同，无须任何理由。

2. 工厂不应支付给20多名职工经济补偿金。根据劳动合同法规定。客观情况发生重大变化，致使劳动合同无法履行，经双方协商不能就劳动合同变更达成一致，用人单位可以解除劳动合同并支付经济补偿。但本案中工厂搬迁只是在同一行政区内，且提供了上下班通勤车和职工补贴，不影响劳动合同履行，通常不构成劳动合同无法履行（当然就这一点还要结合劳动合同中约定的工作地点来看），因此不支付经济补偿金。

3. 在不构成合同无法履行的前提下，职工拒不到岗，可以按照违纪处理。劳动合同法规定严重违反单位规章制度的，用人单位可以解除劳动合同。

4. （1）仲裁应当首先和劳动者讲明法律法规的规定。

（2）劝服劳动者听从安排。

（3）劳动者确实不愿意去新厂上班，因牵涉群体事件，影响较大，尽量说服单位协商解除，给予经济补偿。

案例4　延长工时争议处理
参见本册类似案例1-3。

背景资料：

某企业为扩大生产，决定实行"自愿加班计划"，在原来每天8小时的基础上再增加4小时，加班费按照每小时50元计算，职工可以自愿报名参加。这一计划实施后，厂里职工踊跃报名，为了慎重起见，企业在实行"自愿加班计划"的3个月后又召开了职工代表大会通过了"自愿加班计划"。但是，有一名劳动者认为企业加班违法，向劳动仲裁部门申请仲裁，要求对企业进行处罚并赔偿损失。

试题要求：

1. 该企业的"自愿加班计划"是否合法？理由是什么？

2. 职工代表大会通过的"自愿加班计划"是否可以执行？理由是什么？

3. 劳动仲裁部门应当如何处理？请结合案情和当事人诉求，根据有关法律法规规章及政策，提出处理意见，并说明理由和依据。

考核要点：

本题考核加班的法律规定。

参考答案：

1. （1）根据劳动法的规定，该加班计划存在超时加班的情形。

（2）加班工资统一按照每小时10元计算，违反劳动部工资支付办法的规定。

2. 职代会的"自愿加班计划"不能实行，根据劳动合同法规定，企业内部的规章制度和法律法规的强制性规定相抵触。由劳动行政部门责令整改，给劳动者造成损失承担赔偿。

3. 劳动者因加班要求对企业行政处罚并给予赔偿，此非劳动仲裁的处理范围，根据《劳动合同法》第八十一条规定，应当由劳动行政部门处理。可以引导至劳动监察部门投诉、举报处理。

案例5　劳动关系解除争议处理。参见本册案例6-7（略）。

模拟试卷

试卷一

案例 1 劳动关系确认 （20 分）

背景资料：

失业在家的蒲某于 2015 年 5 月下旬经人介绍认识了某网络服务公司宁波鄞州区装修维护组组长陶某，想通过陶某了解网络服务公司装维工的工作内容、工作环境、技术要求等信息进而入职。陶某对蒲某表示"我们这份工作比较辛苦，不能说做两天就不做了，要不你跟着我们去看看，觉得可以就留下来"。于是蒲某跟随陶某到现场，在安装网线的几天中，蒲某自行攀爬梯子时发生意外摔倒，造成骨折。陶某及时将其送至医院并垫付部分医疗费用。蒲某为鉴定工伤便告该网络服务公司，要求确定劳动关系。网络服务公司承认陶某系该网络服务公司鄞州区装维组组长，负责调度装维工人完成装维任务、对装维工人考勤及保管装维材料等工作，但辩称陶某作为装维组长，不具备招人的资格，不能代表公司直接招人。

分析要求：

1. 蒲某和网络服务公司是否存在劳动关系？为什么？

2. 对事实劳动关系的认定有哪些要点？

参考答案：

1. 双方存在劳动关系，理由：

（1）双方主体符合法律规定的劳动关系。

（2）蒲某以行动接受了装维组长陶某的邀请，实际参加工作，有用工行为。

（3）蒲某工作的目的是为了入职获得报酬，而非个人帮忙。

（4）蒲某安装网线的工作是网络服务公司的主营业务。

2. 事实劳动关系认定的标准根据原劳动和社会保障部的规定有：①主体合法；②用人单位规章制度适用于劳动者，劳动者在用人单位管理下从事有报酬劳动；③劳动者提供的劳动是用人单位的业务组成。

案例 2-1　人力资源管理（10分）

背景资料：

某公司为了招聘技术人员，人力资源部会同用人部门共同设计了面试题目，统一了评分标准和评价体系，面试官也进行了统一的培训，统一了评分尺度和方法。

分析要求：

1. 请问该公司用的是什么招聘方法？

2. 这种招聘方法有什么优缺点？

参考答案：

1. 公司用的是结构化面试，结构化面试的特点是考官结构化、考题结构化和程序结构化，面试的考题，评分标准，评分尺度方法都有统一的标准。案例中公司的招聘方法符合结构化面试的特点。

2. 结构化面试的优点：①让面试者感受到公平；②便于考官操作；③较少意外，信效度好；④形式规范，紧凑、高效，能更加简洁地实现目标。

缺点：①不能充分发挥面试考官的智慧、知识和能力；②不能给应聘者更多的展示才华的空间；③缺少面试考官与应聘者之间充分的双向沟通；④缺少面试考官与应聘者之间知识、智慧、心理素质等多方面能力的交锋，难以对不同的应聘者做出较准确的评价；⑤不能根据应聘者的特点提出不同的问题。

案例 2 - 2 劳动合同解除 (20 分)

背景资料:

张小姐于 2013 年 11 月被某公司录用,担任销售。签订了 3 年的劳动合同。一年半后,公司认为张小姐业绩较差,不能胜任工作,欲解除劳动合同。张小姐虽然不服,但觉得再做下去也没有意思,双方于是在 2015 年 6 月 30 日解除了劳动合同。2015 年 8 月,张小姐入职新单位上班,但却被告知上家单位未办理退工,无法录用。张小姐于是联系公司,要求办理退工及支付经济补偿金。公司以张小姐未办理工作交接为由拒绝办理退工和支付经济补偿金。

分析要求:

1. 单位不办理退工是否合法? 为什么?

2. 单位不支付经济补偿金是否合法? 为什么?

参考答案:

1. 单位不办理退工不合法,根据劳动合同法的规定,员工离职应当在 15 日内办妥退工和社保转移;是否办理交接和退工手续没有关联;根据上海地方规定,未及时办理退工手续,造成劳动者无法领取失业保险的,按照失业保险金的标准赔偿,给劳动者造成其他实际损失,根据劳动者的请求按照实际损失赔偿。

2. 单位不支付经济补偿合法。从本案的描述来看,单位想要解除劳动合同,劳动者最后同意,符合协商一致解除的情形,根据劳动合同法,协商一致解除劳动合同单位应当支付经济补偿金,经济补偿金在劳动者办完工作交接时支付。本案中如果张小姐没有办理工作交接,公司可以要求办理,未办理工作交接前,经济补偿金可以不支付。

案例 3 集体合同履行争议 (15 分)

背景资料:

某公司成立了工会,员工们要求与公司订立薪酬增长的专项集体合同。公司一开始不愿意,员工们就堵在公司门口,采取示威的方式抗议。公司迫于压力,签订了专项集体合同,约定工资每年增长 10%。到了年底,公司因经营不善，无力增加薪资，员工们更加不满，双方发生争议。

分析要求：

1. 员工用堵门的方式维权，是否合法？为什么？

2. 履行集体合同中发生争议该如何处理？

参考答案：

1. 员工堵门维权不合法。根据上海市集体合同条例的规定，职工在集体协商期间必须履行的义务有：不得限制企业一方人员的人身自由，或者对其进行侮辱、威胁、恐吓、暴力伤害；不得违反劳动合同约定，不完成劳动任务，或者以各种方式迫使企业其他员工离开工作岗位；不得破坏企业设备、工具等扰乱企业正常生产、工作秩序和社会公共秩序的行为等；职工违反规定，构成违反治安管理行为的，由公安机关依法处理；构成犯罪的，依法追究刑事责任。

2. 集体合同履行发生争议，可以先由双方协调解决，协商解决不成的，可以由工会代表职工方依法提起仲裁和诉讼。

案例 4　规章制度的有效性（15 分）

背景资料：

小王 2014 年 6 月进入公司，8 月因自己不小心在外摔伤了腿在家休养。医院出具了一个月的病休证明。小王通知了办公室主任老李，老李同意了休假。一个月后，小王伤势未愈，又去医院开具了一个月的病假。当再次通知老李时，老李以上次病假总经理未批准为由不予答复。过了几天，公司以小王连续旷工一个月，严重违反单位规章制度为由解除了劳动合同。小王认为自己没有看到有此规章制度，公司称已经发过员工手册并由员工签收，但拿不出签过字的员工手册。小王要求公司支付违法解除劳动合同的赔偿金。

分析要求：

1. 公司解除小王的劳动合同是否合法？为什么？

2. 小王要求支付赔偿金是否有依据？为什么？

参考答案：

1. 公司解除小王劳动合同不合法。理由：①劳动者新进单位有 3 个月医疗期，小王病休尚在医疗期内，除非严重违纪的情形，不得解除；②小王的病休有医院证明，非虚假病假；③小王请假通知了办公室老李，得到同意，不构成旷工；④单位规章制度没有劳动者签收或告知的证据，规章制度对劳动者不具有约束力。

2. 小王要求支付赔偿金的要求合法。根据劳动合同法的规定，用人单位违法解除劳动合同，劳动者可以要求恢复劳动关系，不要求恢复或者劳动关系无法恢复，，可以按照经济补偿金的标准支付双倍赔偿金。本案中小王不要求恢复劳动关系而要求赔偿，符合法律规定。

案例 5 劳动争议的举证责任（20 分）

背景资料：

某公司因生产经营调整要搬到邻近郊县去，为此公司提供了班车，保障员工上下班通勤。员工孙某不愿意去新地址上班，想要解除劳动合同。孙某向单位提出其在职期间有 40 小时的加班时间，要求单位支付加班费。单位拒不承认，双方发生争议申请仲裁。庭审中孙某无法提供加班的证据，于是要求单位提供考勤记录。根据考勤，孙某并无加班。

分析要求：

1. 对于加班的事实，应当谁来举证？

2. 孙某要求单位提供考勤记录是否合法？为什么？

3. 孙某的请求能否得到支持？为什么？

参考答案：

1. 根据《劳动争议调解仲裁法》第六条的规定，劳动者对自己的主张负有举证责任，另根据最高人民法院关于劳动争议案件处理的司法解释，劳动者对加班的事实负有举证责任。因此，对于加班的事实劳动者负有举证责任。

2. 孙某要求提供考勤记录合法。根据劳动争议调解仲裁法的规定，如果证据由用人单位保管的，应当由用人单位举证，用人单位不提供的，承担不利后果。

3. 孙某的请求得不到支持。因为孙某本人不能就加班事实举证。用人单位的考勤记录里也没有孙某的加班记录。因此，孙某的加班事实不能认定。

试卷二

案例 1 加班费的支付问题（20 分）

背景资料：

2013 年 2 月，王某进入本市某电子科技有限公司工作，该公司位于市中心，由于公司很多员工住在郊区，下班时间正值高峰时间，部门经理为了照顾路远的员工，规定公司可以为家远的员工提供客饭一份，以便错峰回家。下班时间到了，但是工作还没有结束，大家都开始享用公司的免费客饭，有时经理过来也会惊讶地说："这么多人加班啊！"王某和其他晚回家的同事一起享用公司的福利，大家都认为是由于自己加班了，才有免费客饭吃。2013 年 10 月，王某向公司提出辞职，并向部门经理要求支付 2013 年 2 月至 10 月的加班工资。部门经理认为，公司从来没有安排过王某主动加班，公司有完善的加班审批制度，每一次的加班审批表都是一式三份，分别在部门领导、人力资源部门以及劳动者处。并且明确未经批准延长工作时间不算加班。王某的加班，未得到部门领导的审批，属于主动延长工作时间，公司不应当支付加班费。王某表示，经理经常见到我们下了班在公司，都说我们是在加班，这是对我们加班行为的默认。交涉无果后，王某申请劳动仲裁，要求公司支付 2013 年 2 月至 10 月的加班费。

分析要求：

1. 法律关于加班时间有什么限制性规定？

2. 公司是否应当支付王某的加班费？为什么？

参考答案：

参见本册案例 1-8，答案（略）。

案例 2-1 人力资源管理（10 分）

背景资料：

W 先生是某国营机械公司新上任的人力资源部部长，在一次研讨会上，他了解到其他企业的培训搞得有声有色，回来后他向公司提交了一份全员培训计划书，以提升公司的面貌。公司老总很开明，不久就批准了他的全员培训计划。W 先生对公司全体人员上至总经理下至一线生产工人，进行了为期一周的脱产计算机培训，为此公司还专门下拨了十几万元的培训费。培训效果怎样呢？据说，除了办公室的几名人员和 45 岁以上的几名中层干部有所收获，其他人要么收效甚微，要么学而无用，十几万元的培训费买来的是一时的轰动效应，员工对此议论纷纷，而 W 先生对于此番议论感到非常委屈，在一个有着传统意识的老国企，给员工灌输一些新知识怎么就效果不理想呢？W 先生百思不得其解，"不应该啊，在当今竞争激烈的环境下，每个人学点计算机知识应该是很有用的啊！"

分析要求：

1. 上述案例中培训不理想的原因是什么？
2. 简述培训需求调查的几种常用方法。

参考答案：

参见本册案例 2-2，答案（略）。

案例 2-2 员工离职提前通知的问题（20 分）

背景资料：

李先生于 2013 年 11 月 1 日进入某公司工作，担任网络工程师一职，负责为客户安装并调试网络设备的工作。双方签订了一份两年期的合同。期限自 2013 年 11 月 1 日至 2015 年 10 月 30 日止。合同同时约定，李先生每月工资为 8000 元，公司在每月 15 日支付上个自然月的工资，2014 年 3 月 21 日，李先生突然向公司人事经理提出离职的申请，要求当日离职，并要求人事经理立即结算 2014 年 3 月的工资，人事经理表示不能同意李先生当天离职并结算工资的请求，要求李先生提交书面的辞职报告，在 30 天内离职，并妥善完成 3 月 25 日由李先生负责的某客户网络设备安装调试工作。双方争执未果，李先生当日就离开公司，从此再未回到公司工作，李先生的突然离职，最终导致了公司不得不临时聘用其他工程师负责完成 3 月 25 日的设备安装调试。

李先生见公司久久不支付 3 月工资，便在 2014 年 5 月要求公司立即支付，公司已经将李先生 2014 年 3 月的工资用于折抵临时聘用人员的费用，并以此为由拒绝支付，要求李先生另行赔偿突然离职给公司造成的损失，双方随即诉至劳动仲裁委员会。

分析要求：

1. 李先生在 2014 年 3 月 21 日突然离职是否合法？为什么？

2. 公司以李先生 2014 年 3 月的工资来折抵损失并拒不支付李先生工资的做法是否合法？为什么？

3. 公司要求李先生支付赔偿的做法是否合法？为什么？

参考答案：

参见本册案例 3-4，答案（略）。

案例3 职代会程序和任期（15 分）

背景资料：

本市某外商投资企业共有职工 300 人，2008 年 1 月，企业通过职工民主选举的方式产生了 50 名职工代表，建立了职工代表大会制度，职工代表大会任期 5 年，2012 年 12 月，经 20 名职工代表提议召开职工代表大会，职工代表大会共有 40 名职工代表出席，大会决定延长职工代表大会任期至 2014 年 12 月 31 日。

分析要求：

1. 企业职工代表大会的召开程序是否符合规定？为什么？

2. 企业职工代表大会决议延长任期是否符合规定？为什么？

参考答案：

1. 企业职工代表大会的召开程序符合规定。

（1）根据上海市职工代表大会制度的规定，职工代表根据企业职工人数确定，人数300人职代会人数不少于40人，案例中人数50人，符合规定。

（2）职工代表通过民主选举产生。

（3）职代会任期3年到5年，案例中5年任期合法。

（4）职代会有1/3全体代表提议，可召开会议，案例中20名代表提议，超过1/3代表人数，可以召开。

（5）职代会参加人数应达到2/3全体代表人数，案例中出席40人，达到人数要求。

2. 延长任期的决定不合法。因为根据相关规定，职代会到期后需要改选，可延期不超过1年，案例中延期2年不合法。

案例4　规章制度的实施（15分）

背景资料：

张小姐2014年3月进入本市某广告设计公司工作，约定试用期3个月，根据公司的规章制度，工作时间为上午8：30～12：00，下午13：00～17：30，如果3个月内累计迟到15天，则视为严重违反规章制度。规章制度还规定如果试用期内双方解除劳动合同的，公司可不支付工资。对于设计人员来说，夜深人静的时候往往更有设计灵感，所以张小姐经常选择晚上在办公室内加班，第二天晚进公司，公司人事部领导多次找张小姐谈话，对其进行了批评。但张小姐坚持认为这是由公司广告设计的工作性质决定的，仍然改不了晚到晚走的工作习惯。2014年5月底，公司单方面解除了与张小姐的劳动合同，理由是根据考勤记录，张小姐累计一个多月的时间上班迟到，属于严重违反规章制度，张小姐认为这种不属于迟到，也没有给公司造成损失，而且公司解除合同后未支付其工作期间的工资，遂申请仲裁，要求支付违法解除劳动合同的赔偿和在职期间的工资。公司表示公司的规章制度已经过民主程序通过，并且已经向全体员工公示。公司根据规章制度办事并不违法，不同意张小姐的要求。

分析要求：

1. 张小姐要求支付赔偿金的请求能否得到支持？为什么？

2. 张小姐要求支付在职期间工资的请求能否得到支持？为什么？

3. 公司制定的规章制度应当经过哪些程序？

参考答案：

1. 张小姐要求支付赔偿金的请求不能支持。

（1）赔偿金是用人单位违法解除劳动合同才有的惩罚性补偿。

（2）根据劳动合同法的规定，劳动者严重违反用人单位规章制度的，可以解除劳动合同，此属于合法解除，不支付任何补偿。

（3）张小姐符合严重违纪的情形，故解除没有赔偿金。

2. 支付工资的请求可以得到支持，劳动报酬应当按月支付，根据劳动合同法及上海地方规定，离职后用人单位应当在15日内办理退工和社保转移，工资应当在工作交接完成时一次性支付。

3. 公司制定规章制度要经过民主程序，主要有：

（1）提出草案。

（2）提交职代会或全体职工讨论。

（3）听取意见建议，平等协商确定。

（4）公示或告知劳动者。

案例5　劳动争议举证规则（20分）

背景资料：

2009年5月8日，王某进入某机械制造公司工作，双方签订期限为2009年5月8日至2011年6月30日的劳动合同。2011年6月30日，王某提交了本人手写的离职申请书，写明"因为劳动合同到期，故提出辞职"，并办理了相应的离职交接手续。用人单位未向其支付经济补偿。2011年8月23日，王某申请劳动仲裁，要求公司支付经济补偿。在仲裁庭审时，王某口头提出：在其劳动合同期满前，曾咨询过人事经理，有关终止劳动合同有无经济补偿金的事宜，得到的明确答复是有经济补偿。也正因如此，其才提出离职申请。定于6月30日办理了相应的离职手续，但王某未提交证据。王某现要求机械制造公司支付2.5个月工资的经济补偿。

分析要求：

1. 双方劳动合同的终止是劳动者自行离职还是用人单位到期终止？请简述理由。

2. 王某要求支付经济补偿的请求能否得到支持？为什么？

参考答案：

1. 劳动合同终止属于劳动者主动离职。因为：①劳动者提交了本人书面离职申请；②写明离职原因为合同到期，提出辞职；③办理了离职手续。

2. 劳动者不能得到经济补偿金。

（1）根据劳动合同法规定，合同到期，非因单位降低劳动条件续签合同，劳动者拒绝的情况，劳动者主动离职没有经济补偿金。

（2）劳动者说人事经理答应给经济补偿但却无任何证据。劳动者对自己的主张负有举证责任，除非该证据由用人单位掌握保管，则由用人单位举证。本案中劳动者对自己所提主张不能提供证据，应当承担不利后果。所以，不能支持经济补偿金。

试卷三

案例 1 不定时加班费规定 (20 分)

背景资料：

A 公司对某些工作岗位向劳动部门申请了不定时工时制，王某的岗位属于 A 公司实行不定时工时制的岗位，A 公司后来与王某终止了劳动合同，王某向仲裁委员会申请仲裁，认为 A 公司未向其支付加班工资。但其平时工作日、双休日和法定节假日都在加班，要求公司支付其工作日、双休日和法定假的加班工资。但公司认为王某的工作岗位已经申请过不定时工作时间，不应该支付加班工资。

分析要求：

1. 王某的请求哪些符合规定？

2. 在标准工时制度下，加班工资的计发标准是什么？

3. 在不定时公示制度下，加班工资如何计发？

参考答案：

参见本册案例 1-6。答案（略）。

案例 2-1 人力资源规划综合题 (10 分)

背景资料：

某日化公司近几年来业务发展一直很好，销售额逐年上升。每到销售旺季，公司就会到人才市场大批招聘销售人员。一旦到了销售淡季，公司又会大量裁减人员。就这件事，某日化公司的销售经理小张给王总经理提过几次意见。而王总却说："人才市场中有的是人，只要我们工资待遇高，还怕找不到人吗？一年四季把他们养起来，这样做费用太大了。"不可避免地，该公司销售人员流动性很大，包括一些销售骨干也纷纷跳槽。王总对销售骨干还是极力挽留的，但没有效果。无奈之下，该公司仍然照着惯例，派人到人才市场中去招人来填补空缺。

在去年销售旺季时，跟随王总多年的小张经理和公司大部分销售人员集体跳槽，致使该公司的销售工作一时几乎瘫痪。这时，王总才感到问题的严重。因为人才市场上虽然能找到一般的销售人员，但是不一定总是能找到优秀的销售人才和管理人才，在这种情况下，他亲自跑到小张家中做动员工作，开出极具诱惑力的年薪，希望小张和一些销售骨干能重回公司，然而，不菲的年薪依然没有能够召回这批曾经与他多年浴血奋战的老部下。

直到此时，王总才感到后悔，为什么以前没有下功夫去留住这些人才呢？同时他也陷入了困惑，如此高的年薪，他们为什么也会拒绝，到底靠什么留住人才呢？

分析要求：

1. 试分析日化公司存在的问题。

2. 若你想帮助公司王总经理，有哪些良策提供？

参考答案：

参见本册案例2-8。答案（略）。

案例2-2 企业对不胜任工作员工的处理（20分）

背景资料：

李先生是一家科技公司的市场部主管，在公司工作已经三年多，工作表现尚可，自去年下半年以来，李先生因为个人情感问题严重影响了工作，绩效表现一直不佳。连续三个季度绩效考核不合格。市场部经理及人力资源部经理多次与其沟通，要求其努力改善工作表现，但李先生此后连续两个季度的绩效考核依然不合格。公司经研究决定，拟以李先生不胜任工作为由解除劳动合同。李先生认为自己很没有面子，于是到人力资源部吵闹，公司随即以李先生不胜任工作为由解除其劳动合同。

分析要求：

1. 公司与李先生解除劳动合同是否可以？为什么？

2. 公司如果要解除劳动合同，怎么做才符合规定？

参考答案：

参见本册案例 3-5。答案（略）。

案例3 集体协商代表资质（15分）

背景资料：

某公司工会代表职工就职工培训利事项与企业进行集体协商。公司以法定代表人为首席代表并指派了人事科科长、财务科科长和办公室主任四人参加，职工一方因为尚未成立工会，便向上级工会要求指导协商。上级工会随即在企业内部指定了3名员工作为协商代表，并且还指定了一名首席代表参加协商活动。但由于指定的协商代表能力有限，不能很好地代表员工一方协商，于是引起职工的非议。

分析要求：

1. 上级工会指定协商代表和首席代表的做法是否合法？为什么？

2. 如果要选举职工协商代表，应该如何做？

参考答案：

1. 上级工会的做法不合法。根据上海市集体合同条例的规定，尚未成立工会的企业，应当由上级工会指导本企业职工通过民主选举的方式产生协商代表，首席代表由协商代表推荐产生。本案中，协商代表和首席代表都由上级工会指派，不合法。

2. 根据上海市集体合同条例规定，应当由上级工会指导本企业职工推荐候选人，全体职工1/2同意可当选协商代表，首席协商代表由协商代表民主推荐产生。

案例4　制度变更的要求（15分）

背景资料：

某公司食堂"就餐规定"中规定餐食必须在食堂食用，不得带出食堂，并授权行政部门进行解释。食堂改善伙食，午餐提供餐后水果。经常有员工在用餐后将水果带出食堂。鉴于原规定中没有明确是否可以将水果带出食堂，公司行政部门研究后决定修改"就餐规定"，明确禁止将水果带出食堂，否则予以处分。不久，刘小兵因为对食堂有意见，故意将苹果带出食堂，并与阻拦的食堂管理人员发生争吵。公司随即进行了调查，并对刘小兵做出了违纪解除劳动合同的处理决定。刘小兵以他不知道有"不得将水果带出食堂"的规定为由申请仲裁，公司辩称行政部有权对"不得将水果带出食堂"的就餐规定进行解释，并已经在中层以上干部大会上宣布后执行。

分析要求：

1. 公司修改"就餐规定"是否符合法律规定？为什么？

2. 公司对刘小兵的解除决定是否合法？为什么？

参考答案：

1. 本题可参考本册案例5-4。问题1。

2. 公司对刘小兵的解除不合法，根据劳动合同法规定，规章制度必须有企业名义发布，经过民主程序，并且公示或者告知员工才能生效，本题中的"就餐规定"未经过上述程序，无法律效力，不能作为处罚员工的依据。

案例5　工作移交和经济补偿金（20分）

背景资料：

刘某与2010年1月1日进入本市某工程公司工作，担任项目部助理，入职开始，刘某接受了该岗位项目资料等，公司也考虑到其工作的需要，为他配备了办公笔记本电脑一台。一年的劳动合同期满是时，公司通知刘某不再与其签订劳动合同，同时要求刘某办理工作交接。刘某则要求公司先行支付经济补偿金再移交工作，双方多次交涉不成，刘某向劳动人事争议仲裁委员会申请仲裁。

分析要求：

1. 支付经济补偿及与工作交接是否有关联性？为什么？

2. 如果你是仲裁员，对刘某的请求将如何裁决？为什么？

参考答案：

1. 支付经济补偿及和工作交接有关联。根据《劳动合同法》第五十条规定，"劳动者应当按照双方约定，办理工办结工作交接时支付"。

2. 作为仲裁员，应当：

（1）依法裁定刘某做工作交接，移交公司项目资料和笔记本电脑灯。

（2）裁定公司在刘某工作交接完成后按照其工作年限一次性支付经济补偿金，标准为终止劳动合同前 12 个月的平均工资一个月。

试卷四

案例 1 劳动关系确认

背景资料：

2010 年 4 月 8 日，潘先生向某区劳动人事争议仲裁委员会申请仲裁，称其 2009 年 9 月 1 日起在 A 旅馆从事厨师工作，旅馆于 2010 年 1 月 1 日与他签订了劳动合同，后双方于 4 月 6 日协商解除了劳动合同。在计算经济补偿金时，A 旅馆只认可其 2010 年 1 月 1 日至 4 月 6 日的工作年限。潘先生认为，经济补偿金计算的期限应当从 2009 年 9 月 1 日起算至 2010 年 4 月 6 日。故要求 A 旅馆支付解除劳动合同的经济补偿金差额。

旅馆辩称，2010 年 1 月 1 日前，旅馆将自己的场地租赁给 B 餐饮公司，潘先生与 A 旅馆之间不存在劳动关系，故不同意支付该段时间的经济补偿金差额。A 旅馆还提供了 B 餐饮公司对潘先生的考勤记录。B 餐饮公司发放潘先生工资的暂支单、租赁协议，终止租赁函、终止租赁合同协议、收条、B 餐饮公司出具的情况说明等证据证明自己的上述说法。潘先生对旅馆提供的上述证据没有异议。

分析要求：

1. 2009 年 9 月 1 日至同年 12 月 31 日，潘先生与哪个单位建立劳动关系？为什么？（13 分）

2. 潘先生的请求能否得到支持？为什么？（7 分）

参考答案：

1. 潘先生和 B 公司建立劳动关系，理由如下：

根据劳动部《关于确认劳动关系有关事项的通知》规定：用人单位招用

劳动者未订立书面劳动合同，但同时具备下列情形的，劳动关系成立。

（一）用人单位和劳动者符合法律、法规规定的主体资格；

（二）用人单位依法制定的各项劳动规章制度适用于劳动者，劳动者受用人单位的劳动管理，从事用人单位安排的有报酬的劳动；

（三）劳动者提供的劳动是用人单位业务的组成部分。

本案中：

（1）2009 年 9 月至 2009 年年底公司 A 公司将场地租赁给 B 公司。

（2）B 公司和潘先生符合劳动关系主体双方的条件。

（3）B 公司对潘先生进行考勤管理，发放工资。

（4）潘先生为公司提供劳动，其劳动是 B 公司的业务组成。据此，双方劳动关系成立。

2. 潘先生的请求可以得到支持，理由如下：

根据《最高人民法院关于审理劳动争议案件适用法律若干问题的解释（四）》第五条规定：劳动者非因本人原因从原用人单位被安排到新用人单位工作，原用人单位未支付经济补偿，劳动者依照《劳动合同法》第三十八条规定与新用人单位解除劳动合同，或者新用人单位向劳动者提出解除、终止劳动合同，在计算支付经济补偿或赔偿金的工作年限时，劳动者请求把在原用人单位的工作年限合并计算为新用人单位工作年限的，人民法院应予支持。

用人单位符合下列情形之一的，应当认定属于"劳动者非因本人原因从原用人单位被安排到新用人单位工作"：

（一）劳动者仍在原工作场所、工作岗位工作，劳动合同主体由原用人单位变更为新用人单位；

......

本案中：

（1）劳动者非本人意愿从 2010 年开始从 B 公司被安排到 A 公司工作，原工作场地、工作岗位不变。

（2）B 公司未支付经济补偿。

故符合司法解释的工龄合并计算的规定。

案例 2-1 人力资源和劳动合同管理

背景资料:

2010 年沪塑集团刚成立时,董事长王大华在报纸上公开向社会招聘 30 名高级技术管理人才,一时间,2000 多名专业技术人员前来应聘沪塑集团的经理、部门主管等职位。王大华专门聘请了人力资源管理方面的专家组成招聘团,并亲自主持招聘。新招聘的高级技术管理人员在到任不久,便与集团领导、技术人员、工人们密切合作,开发出许多新产品,在市场的竞争中取得了优势。

2015 年公司拟建六条半自动化生产线,需要 40 名专业技术骨干,董事长王大华对人才引进形成了一套"招聘哲学",到企业外部去招揽人才。通过笔试和面试,有 30 名外部专业技术骨干来到公司,可 2 个月后,原有的技术骨干中有 20 人提出了辞职,新招的 30 人中也有 10 人提出离开公司。

分析要求:

1. 王大华的"招聘哲学"是否可取?请说明理由。(4 分)

2. 请简述内部招聘与外部招聘的基本原则。(6 分)

参考答案:

1. 王大华的"招聘哲学"不可取。

招聘渠道的选择应当秉承内外结合,以内为主的原则。

本案中公司董事长只重视外部招聘,忽略内部的选拔和晋升,造成员工士气低下。

2. 内部招聘的原则有:①机会均等;②任人唯贤,唯才是用;③激励员工;④合理配置,用人所长。

外部招聘的原则有:①公平公正;②适用适合;③真实客观;④沟通服务。

案例 2 - 2　怀孕女职工劳动合同解除（20 分）

背景资料：

2015 年 9 月，杨某与上海甲公司签订了劳动合同，担任文秘一职。合同期限为 1 年，从 2015 年 10 月 1 日至 2016 年 9 月 30 日。其中，2015 年 9 月 1 日至 12 月 31 日为试用期。2016 年 3 月 20 日，杨某突然身体不适，未经请假便离开公司去医院检查，结果未能及时确认一份商业电函，致使公司损失了一份重要的订单合同，金额为 1000 万元。事后，甲公司决定辞退杨某，杨某提出，经医院检查证实自己已怀孕 2 个月，法律对怀孕女职工有保护，公司不得辞退，杨某向甲公司出示了医院开具的相关单据，但甲公司未予理睬，仍对杨某做出了辞退决定。杨某不服，申请劳动仲裁。

分析要求：

1. 甲公司与杨某的试用期约定是否合法？为什么？（9 分）

2. 公司能否辞退杨某？为什么？（11 分）

参考答案：

1. 甲公司与杨某的试用期约定不合法，理由如下：

根据《劳动合同法》第十九条：劳动合同期限三个月以上不满一年的，试用期不得超过一个月；劳动合同期限一年以上不满三年的，试用期不得超过二个月；三年以上固定期限和无固定期限的劳动合同，试用期不得超过六个月。

本案中，甲公司与杨某签订一年劳动合同，试用期四个月，超过法律标准，所以不合法。

2. 公司可以辞退杨某（参见第二章案例 3）。

《劳动合同法》第三十九条第（三）项规定："严重失职，营私舞弊，给用人单位造成重大损害的"可以解除劳动合同。

本案中，杨某擅离岗位，给单位造成 1000 万元的合同损失，符合法律规定可辞退的情形。

杨某虽然在女工三期内，但因违反《劳动合同法》第三十九条规定而被辞退的，不受三期限制。

案例 3　职工代表大会的表决程序（15 分）

背景资料：

上海市某外贸投资企业共有职工代表 30 名，2011 年企业工会提议召开职工代表大会，全体职工代表均出席了职工代表大会。工会提出了大会的主席团成员名单，并经过职工代表大会选举产生了 5 名主席团成员，其中一线职工代表 4 人，大会审议了企业职工工资增长方案，经全体职工代表举手表决，改方案获得一致通过。

分析要求：

1. 工会是否有权提议召开职工代表大会？为什么？（8 分）

2. 企业职工代表大会的审议程序是否符合规定？为什么？（7 分）

参考答案：

1. 工会有权提议召开职工代表大会。

根据《上海市职工代表大会条例》第二十一条规定：职工代表大会每年至少召开一次会议。企事业单位、工会或者三分之一以上职工代表提议，可以召开职工代表大会。

据此可知，职代会召开可以又企业方提出，也可以由工会或者三分之一的职工代表提议。

2. 企业职工代表大会的审议程序部分符合规定，部分不符合。

《上海市职工代表大会》第二十条规定：职工人数不足一百人，实行职工代表大会制度的，职工代表名额不得少于三十名。

第二十二条　职工代表大会选举产生的主席团主持会议，处理大会期间有关重大问题。主席团人数不得少于七人，其中一线职工代表的比例不得少于百分之五十。

第二十七条　职工代表大会须有全体职工代表三分之二以上出席，方可召开。

第三十条　职工代表大会审议通过事项，应采取无记名投票方式，并须获得全体职工代表半数以上赞成票方可通过。

本案中，职代会人数 30 名，符合最低人数规定。

全体职工代表出席，符合开会人数要求；

主席团人数五名，少于规定的七人（2017 年 11 月 23 日，《上海市职工代表大会条例》经市人大常委会第四十一次会议表决修改，其中对主席团的人数规定与原来不同，新规定里职工代表人数在 30～100 人的，主席团人员可以设置 3 到 5 人，职工代表人数 100 人以上的，主席团人数不少于 7 人，职工人数 30 人以下的，可以选举一名执行主席，主持召开职工大会），一线员工 4 人，达到 50% 的人数比例。

采用举手表决，不符合规定，应当采用无记名投票。

案例 4　规章制度的实施（15 分）

背景资料：

张女士于 2009 年 1 月 1 日进入某商务公司工作，职务为销售部副经理，双方签订了期限至 12 月 31 日止的劳动合同。签订劳动合同的同时，张女士签订了《员工守则》，其中规定：当月所带团队销售额未达到 100 万元，当月业绩为不合格，连续 2 个月业绩不合格，视为不能胜任工作。之后，公司于 2010 年 1 月单方面修改了《员工守则》，将"公司依法调整劳动者工作岗位，劳动者无正当理由不服从安排的，属于严重违反公司规章制度的行为"写入了《员工守则》，公司员工均签订了修改后的《员工手册》，无人表示异议。

2011 年 1～3 月，张女士所带团队的销售业绩连续 3 个月未达到 100 万元，公司以张女士不胜任工作为由，撤销其销售部副经理的职务，将其调至销售员岗位，张女士不同意公司的安排。

试题要求：

1. 公司调整张女士工作岗位的做法是否合法？为什么？（8 分）

2. 公司修改规章制度的做法是否合法？为什么？（7 分）

参考答案：

1. 公司调整张女士的做法合法。

根据《劳动合同法》第四十条第二项规定，员工不能胜任工作，单位可以先行调岗或者培训。

本案中:

(1) 张女士入职时签订了《员工手册》,里面明确规定连续两个月销售业绩不达标视为不胜任工作。

(2) 张女士连续3个月没有完成销售业绩,符合不胜任的条件,所以公司可以调整岗位。

2. 公司修改规章制度不合法。

根据《劳动合同法》第四条规定,用人单位在制定、修改或者决定有关劳动报酬、工作时间、休息休假、劳动安全卫生、保险福利、职工培训、劳动纪律以及劳动定额管理等直接涉及劳动者切身利益的规章制度或者重大事项时,应当经职工代表大会或者全体职工讨论,提出方案和意见,与工会或者职工代表平等协商确定。

本案中,公司单方面修改《员工手册》,未经过民主程序,不符合法律规定。

案例 5 恢复劳动关系期间的工资支付问题(20分)

背景资料:

2013年2月,忻女士入职上海某网络公司,担任行政助理。月工资4000元。2012年忻女士两次上班迟到,网络公司向忻女士发出通知,以忻女士严重违反用人单位规章制度为由解除了双方的劳动合同。2013年10月,忻女士向劳动仲裁委员会申请仲裁,要求网络公司自即日起恢复双方的劳动关系,继续履行原劳动合同,并支付自违法解除劳动合同之日至实际继续履行期间的工资,仲裁委员会受理后,经开庭审理查明,网络公司确实存在违法解除劳动合同的事实。

分析要求:

1. 忻女士要求恢复劳动关系的请求能否得到支持?为什么?(10分)

2. 忻女士要求网络公司支付自2013年6月(违法解除劳动合同之日)至恢复履行劳动合同期间的工资的请求能否全部获得支持?为什么?(10分)

参考答案:

1. 忻女士要求恢复劳动关系的请求可以得到支持。

《劳动合同法》第四十八条　用人单位违反本法规定解除或者终止劳动合同，劳动者要求继续履行劳动合同的，用人单位应当继续履行；劳动者不要求继续履行劳动合同或者劳动合同已经不能继续履行的，用人单位应当依照本法第八十七条规定支付赔偿金。

本案中，网络公司已经审理查明确实存在违法解除劳动合同的事实，并且无不可继续履行的情形，因此劳动者可以要求恢复劳动关系。

2. 忻女士的要求不能得到全部支持。

《上海市企业工资支付办法》第二十三条　企业解除劳动者的劳动合同，引起劳动争议，劳动人事争议仲裁部门或人民法院裁决撤销企业原决定，并且双方恢复劳动关系的，企业应当支付劳动者在调解、仲裁、诉讼期间的工资。其标准为企业解除劳动合同前12个月劳动者本人的月平均工资乘以停发月数。双方都有责任的，根据责任大小各自承担相应的责任。

本案中，忻女士要求支付自违法解除之日至实际履行期间的工资没有法律依据，根据相关规定，忻女士可以要求公司支付其仲裁、诉讼期间的工资。

附 录

协调员考试常用法律法规汇总表名单

《劳动法》

《劳动合同法》

《劳动合同法实施条例》

《劳动争议调解仲裁法》

《劳动人事仲裁办案规则》

《最高人民法院关于审理劳动争议案件适用法律若干问题的解释》（一至四）

《工会法》

《企业民主管理规定》

《上海市集体合同条例》

《上海市职工代表大会条例》

《工资支付暂行规定》

《女职工保护特别规定》

《关于本市劳动者在履行劳动合同期间患病或者非因工负伤的医疗期标准的规定》的通知（沪府发〔2015〕第40号）

《上海市劳动局关于加强企业职工疾病休假管理保障职工疾病休假期间生活的通知》（沪劳保发〔1995〕第83号）

历年《关于调整本市最低工资标准的通知》